## 버리고 덜어내고
## 닦고 나누기

덜어낸 욕심만큼
채워지는 행복

# 버리고 덜어내고 닦고 나누기

덜어낸 욕심만큼
채워지는 행복

경성스님
산문집

## 범부의 안목에서 보살의 안목으로

보고 듣고 말하는 모든 순간에 마음을 담고, 마음을 기울일 것을 강조한다. 그래야 비로소 제대로 보고, 듣고, 말한다고 할 수 있다.

　　마음을 담고, 마음을 기울여서 보고 듣는 것이 바로 관심觀心이다. 관심이 있어야 제대로 볼 수 있고, 관심이 있어야 살피고, 관심이 있어야 발고여락拔苦與樂, 고통을 제거해서 편안하게 하는 것, 상대의 문제점을 파악해서 해결해주게 된다. 마음을 담고 마음을 기울이는 관심에서 자비와 지혜가 비롯되고 전개된다.

　　오로지 세상에서 아픔을 겪는 중생들을 향해서 무한한 관심과 자비를 펼친다고 해서 관세음觀世音이다. 이 관세음의 한결같은 관심의 대상은 온 세상 모든 중생들이다. 평생을 걸쳐서 찰나의 순간에도 그 관심을 거두지 않는다.

관세음은 못 되더라도 관좌우觀左右 할 수는 있다. 바로 옆과 지척과 주변을 관심으로 살피고 헤아려야만 범부의 안목과 경계를 벗어날 수 있다.

4백여 년 동안 만석꾼을 이어온 경주 교동 최부자집의 육훈六訓, 집안을 다스리는 여섯 가지의 지침에서 다섯째 항목인 주변 1백 리 안에 굶어 죽는 사람이 없게 하라는 것도, 유서 깊은 종가에서 뒤주에 곡식을 가득 채우고서 타인능해他人能解, 필요한 사람은 누구라도 열고서 필요한 만큼 갖고 가라고 적어 둔 것도, 모두 관좌우의 전통이며 덕목일 것이다.

조계종의 소의경전인 《금강경金剛經》에서는 다섯 단계의 안목인 오안五眼, 즉 육안肉眼과 천안天眼과 혜안慧眼과 법안法眼, 불안佛眼을 설명한다.

육안은 범부의 안목이며 소견으로, 욕심과 집착과 이기적인 중생의 단계이다. 천안이란 천인天人의 안목으로 소욕과 지족을 구현하는 것이다. 해발고도가 높은 곳에 사는 사람일수록 무소유와 만족을 추구하는 것은 천안, 하늘과 가까운 위치이기에 맛볼 수 있는 것이다. 혜안은 인생과 삶을 통찰하는 철학의 단계로 현자, 현인, 현명한 위인들로 바로 혜안의 안목을 갖춘 사람들이다.

법안이란 정법, 불법에 일가견을 이룬 선지식의 안목으로 도안道眼이 곧 법안이다. 출가 수행자라야만 가능한 것이 아니다. 유마거사와 승만부인이 이를 가능케 한다. 또한 출가승에게는 재가 불자가 법안의 대상이며, 재가 불자에게는 출가승단이 선지식이다. 출가와 재가가 서로를 법안으로 삼아야 하리라.

불안이란 부처님의 경지에 올라야만 비로소 갖추게 되는 안목이다. 모든 중생과 모든 생명을 부처로 여기고 부처로 대접하는 것이 불안이며, 부처님의 안목이며 경지이다. 부처의 눈에는 누구든지 부처로 보이고, 부처로 본다. 상대가 갖고 있는 무한한 가능성, 부처가 될 수 있는 종자인 불성을 뚫어보기 때문이다.

불안의 증득과 경험은 육안에서 출발한다. 지금 당장은 범부의 안목에 불과하지만 욕심을 줄이고 만족하면서 존재를 향한 끝없는 관심으로 헤아리고 살피면서 인생과 삶을 성찰하고 불도를 수행하며 용맹하게 정진한다면 궁극에는 부처의 안목을 갖추고 실현할 수 있다.

육안의 무한한 잠재력에 희망과 서원을 담고 새기려는 노력의 일환으로, 2009년부터 2012년까지 월간 《해인》지에 실었던 원고와 다른 지면에 실렸던 글들을 정리해 묶어서 펼쳐낸다. 책이 출판되기까지 많은 분들의 노고와 감사와 시은들로 두고두고 갚아야 할 책무와 부담이 소중하면서 무겁다.

정보가 넘쳐나는 세상이다. 정보가 없어서, 책이나 설명이 없어서 실천하거나 수행하지 못한다는 것은 꿈에서도 전혀 불가한 상황이다. 미루어 짐작하건데 불필요한 사족을 보태는 것은 아닌지 염려스럽지만, 세상과 사람들에 대한 관심에서 비롯되었으며, 관세음에 닿을 때까지 관좌우로 함께 하겠노라는 마음을 전하고 밝힌다.

2016년 2월
가야산 희랑대에서 경성

## 목차

책머리에
범부의 안목에서 보살의 안목으로 • 5

## 01
### 계행으로 완성되는 불자의 삶

무생법인과 두타행　욕심을 덜어내고 현재에 만족하며 감사하기 • 14

계행의 완성　지키고 행하고 범하지 않는다 • 18

보살계로 바로 서는 불자의 정체　당신은 불교신자입니까 • 23

위리중생현세간　당신은 타인의 이익을 위해 살고 있습니까
　　　　　　　당신은 세상에 보탬이 되고 있습니까 • 27

삼신불과 삼신　내 마음의 본체, 법신法身 • 32

삼보의 정의와 삼귀의계　부처님도, 부처님 가르침도,
　　　　　　　　　　 모든 불자들까지도 존중하고 공경해야 • 37

회기향타　내 안의 고통에 끄달리고 있다면 밖으로 시선을 돌려봅시다 • 42

제행무상　행복이 영원할 거라고 믿는 당신, 불행이 계속될 거라고 우는 당신
　　　　지금 이 순간 최선을 다 하세요 • 47

만민함락　나와 내 가족과 이 사회와 세상 모든 인류의 안락을 위해 • 51

불탐위보　있어보이고 싶은 당신, 두타행으로 탐욕과 번뇌부터 털어놓길 • 55

중생견자번뇌멸　불법佛法을 만났다면 일상의 욕심에서 벗어나야지 • 60

불위신연묘법　귀 기울여보라, 자연의 소리에도 부처님의 법이 있으니 • 65

불신충만어법계 **내 곁에 늘 함께 계시는 부처님** • 69

## 02
## 자비를 실천하며 열어가는 지혜의 세계

인생오계 일년오계 **성숙한 삶을 꿈꾼다면 다섯 가지 계획을 세워보자** • 76

삼위일체 **자비는 지혜의 열매이고, 지혜는 자비의 씨앗이며,
 자비와 지혜의 거름은 원력이다** • 80

보살의 화신으로 **맑고 향기로운 꽃을 피우는 보살심과 보살행** • 84

무한감인의 능력 **무한감인을 증명하는 힘, 동사섭** • 89

비문무량등중생 **중생과 동등하게 중생을 평등하게** • 94

동체대비 **당신이 아프면, 나도 아프다** • 99

Buddhist oblige_무연대자 동체대비 **나와 아무런 상관 없는 어느 누군가도
 나와 같을지니** • 103

세간소유중복해 **세상에는 복 지을 일이 참 많다** • 107

복력과 복덕 **쉼 없이 복을 쌓아 태산만큼 덕을 이루리** • 112

완전한 효행 **효를 행하기가 그리 쉬울까,
 공양·공경·존중·찬탄, 이 모두를 갖추어야 하는 것을** • 116

## 목차

### 03
### 존중과 공경에서 시작되는 소통의 삶

사람의 품격은 어떻게 결정되는가　신사의 품격은 매너에서 나온다고?
　　　　　　　　　　　　　　　　마음가짐과 행동이 정체를 결정한다 • 122

견문위종　과거를 살피고 성찰하다 보면, 꿈은 이루어진다 • 127

꽉 막힌 이 세상, 소통을 기대하며　내 말만 옳다는 당신, 남의 말부터 들어보라 • 132

시혜와 수혜　이상적인 소통의 시작, Give & Take • 136

구시화문 부재구중　소통과 교감을 이루고 싶은 당신, 침묵하라 • 141

중심이며 전체인 중도　모 아니면 도? 윷·걸·개도 있네! • 145

제유무소착　나와 남을 분별하고 내편과 네편을 차별하고
　　　　　내 것에 집착하는 마음에서 벗어나려면 • 150

다양함을 인정하는 출발, 정견　틀린 것이 아니라 다른 것이다 • 154

존중을 위한 인욕　참고 인내하기, 수용과 화합을 실현하는 첫걸음 • 159

불교는 중도를 지향한다　보편을 상징하는 숫자 '3'_ No.3의 위대함에 대하여 • 163

### 04
### 원력에 찬 한마음으로 다져나가는 회한 없는 삶

일미진중함시방　결국, 시작은 한 점의 티끌로부터 • 170

심청정국토청정　내 한마음으로 온 세계를 밝히리 • 176

희랑 스님과 희랑대　세상을 구하고자 하신 대원력이 펼쳐지는 도량에서
　　　　　　　　　희랑 스님을 추모하며・181
중도 무소유 보시행　세간을 여행하는 수행자를 위한 필수품・187
담연불수어생사　담담하라, 그리고 의연하라・191


05
일상다반사 日常茶飯事

겨울 소식　얼어버린 바닥 아래 숨쉬는 봄의 생명력・198
감경봉우　봄꽃과 연등이 전하는 반가운 기별・202
용문과 불문　개천에서 용 나기도 어려운데 부처되기는 그리 쉬울까・207
생사대사의 해결　나고 죽음에 의연할 수 있기를・212
비기너와 마스터_beginner & master　초심으로 갈고 닦아
　　　　　　　　　　　　　　　　　보살의 경지에 오르기까지・215


갈무리글
가르치는 일이 배움과 다르지 않기에 나는 배우고 또 배운다・221

01

계행戒行으로 완성되는
불자의 삶

### 무생법인無生法忍과 두타행頭陀行
## 욕심을 덜어내고
## 현재에 만족하며
## 감사하기

《범망경술기梵網經述記》에 의하면 음식과 의복과 처소에 대한 탐욕과 집착을 치유하기 위한 방편으로 두타행이 설해졌다고 한다. 사바세계에서 교화할 중생들은 대략 세 종류로 나눠지는데, 첫째는 음식에 탐착貪着하는 사람이며, 둘째는 의복에 탐착하는 사람이며, 셋째는 처소에 탐착하는 사람인 것이다. 이런 이유에서 세 가지 탐욕과 집착을 다스리고 대치하기 위해서 음식과 의복과 처소에 대한 지침으로 두타행을 설명하는 것이다.

그러므로 이러한 두타행이 계율은 아니지만 두타를 수행함으로써 계율을 장엄하게 되며, 또한 두타법이 계행은 아니지만 계를 장엄하는 기운이며 힘이라고 두타를 정의하여 계율을 수지하기에 앞서 두타행을 수행한다면 모든 장애와 재앙을 물리치게 되는 이익이 있게 된다고 하였다.

《대지도론大智度論》에서는 '두타를 수행하는 것은 계율을 청정하게 수지하기 위한 것이며, 계율을 청정하게 수지하는 것은 선정禪定에 들기 위한 것이며, 선정은 지혜를 증득하기 위한 것이다. 무생법인無生法忍이 바로 이 진정한 지혜이므로, 그러므로 무생법인은 바로 두타의 과보果報'라고 설명하면서 무생법인의 출발선상에 두타의 지위를 확고부동하게 시설施設하고 있다.

진실한 지혜, 무생법인에서 참을 인忍, 인내할 인忍에 주목하자면 생멸이 없는 지혜의 법이란 분명히 존재하기는 하지만 그 형상을 찾아볼 수 없다는 측면에서는 인욕과 동일한 양상이라는 것과 함께, 음식과 의복과 처소에 대한 고통과 불편과 부당함을 참고 인내하는 것에서 생멸이 없는 참다운 지혜의 법으로 취향趣向하는 첫걸음이 시작된다는 의미를 담고 있는 것이다.

이처럼 단월의 보시와 재물을 사양하고 고통과 불편을 참아내야만 하는 이유에 대해서《증일아함경增壹阿含經》에서는 다음과 같이 설명한다.

"모든 비구들아. 사람들에게서 재물을 받는 것은 몹시 어려운 것이다. 왜냐하면 수행자로 하여금 무생법인을 증득하지 못하게 하기 때문이다. 저 수라타 비구가 재물을 탐내지 않았다면 마침내 불법 가운데서 세 벌의 옷을 버리고 속가로 돌아가지 않았을 것이다. 수라타 비구도 처음에는 아란야에 머물면서 때가 되면 걸식하고 일정한 처소에서 항상 좌선에 들고 정오에만 공양하였다. 나무 아래나 들판이나 한가롭고 고요한 곳에서 머물기를 좋아하였고 다섯 가지의 분소의糞掃衣를 입거나 혹은 삼의三衣를 수지受持하면서 무덤 사이에서 머물기도 하였다. 부지런히 고행하면서 이러한 두타를 수행하였다. 수라타 비구가 이러한 두타행을 수행하는 것에 감탄한 포호국왕은 수라타 비구에게 온갖 산해진미를 매일매일 와서 공급해 주었다. 이런 일이 계속되자 마침내 수라타 비구는 이런 음식에 욕심이 생기게 되었고 급기야는 모든 두타행을 버리고서 속인의 옷을 입고서 소나 양을 도살한 고기를 먹는 것까지 가리지 않게 되었으며 이러한 과보로 목숨을 마치고서는 지옥에 떨어지고 말았다. 그러므로 모든 비구들은 수라타 비구의 경우를 본보기로 삼아서 재물을 받는 것이 몹시 무겁다는 것을 알아야 한다. 수행자로 하여금 최상의 바르고 진실한 도[무상정진도無上正眞道]를 증득하지 못하게 하기 때문이다. 만약 재물을 바라는 마음이 생기지 않았다면 생기지 않도록 단속해야 할 것이며, 이미 생겼다면 방편을 찾아서 반드시 없애야 한다. 모든 비구들은 마땅히 이와 같이 배워야만 한다."

두타행을 수행하는 것은 소욕少欲과 지족知足으로 되도록 시은施恩을 받지 않는 생활을 영위하기 위한 것이다. 단월檀越의 재물은 무생법인을 증득하는 데에 장애와 방해가 되기 때문이다. 이처럼 단월의 보시로 생활해야하는 수행자에게 두타행의 지침이 마련된 것처럼, 재가 불자 역시 소욕과 지족으로 대변하는 두타행의 이념을 명심해야 할 것이다.

    음식과 의복과 처소가 만들어지고 이루어지기까지 담겨있고 깃들어있는 모든 존재물과 사람들의 노고와 정성을 기억해야 하기 때문이다. 함께 존재하는 모든 것들에게 은혜와 감사의 마음을 갖고, 바라보고, 생활하는 것이 무생법인과 무상정진도無上精進道를 향하는 최초의 단계이며 첫 번째 걸음인 것이다.

계행戒行의 완성
## 지키고
## 행하고
## 범하지 않는다

율전律典에서는 어떻게

"계戒에 굳건히 머물러 있는 지혜로운 사람은 마음과 지혜를 수습하고, 근면하고 지혜로운 수행자는 마땅히 결박[結縛, 갈애 渴愛의 결박]에서 벗어날 수 있게 된다."

고 설명한다.

계에 굳건히 머물러 있다는 것은 계율을 따르고 지키는 것이며, 이것은 불자로서 살아가야 할 자세를 의미하는 것이다. 또한 계를 원만히 하는 것을 지향하며, 계를 원만하게 지키는 자가 수행자라는 것을 강조하는 것이다.

계를 수지하는 절차와 순서에 따라서 사계·심소계·율의계·불범계 등의 단계로 설명하는데, 이것은 계행이 완전하게 이루어지기 위해서 필수적으로 거쳐야만 하는 과정을 네 단계로 분류한 것이다.

첫 번째 사계란 살생과 투도와 망어 등을 하지 말아야겠다고 생각하는 단계이다. 사계에서의 '사'란 막연한 생각으로, 구체적으로 무엇을 어떻게 해야겠다는 생각을 하기 이전의 단계를 말한다.

두 번째 심소계에서 '심소'란 심왕, 즉 마음의 소작이며 소유라는 뜻이다. 여기에서는 '사'에서 시작된 막연한 생각을 구체적으로 어떻게 실행할 것인지 그 방향에 대해서 의지와 각오를 다지는 '작심'과 '결심'의 단계를 뜻한다.

행위가 실행되기 이전에는 생각과 의지의 단계를 거치게 된다. 생각과 의지는 드러나는 행동이 아닌 마음속에서 이루어지는 부분이다. 마음을 분석해보면 생각과 의지의 단계로 나눌 수 있다.

예를 들면 '새해가 되었으니 수행이나 건강을 위해서 무엇인가 해봐야 되지 않겠는가' 하고 마음속으로 막연한 생각을 품게 되는 것이 사의 단계에 해당한다. 이러한 과정을 거쳐서 '새벽예불마다 108배를 해보자', 혹은 '오후불식을 해보자' 등의 구체적인 수행을 작정하고 결심하는 단계가 바로 심소이자 작심이며, 의(意)의 단계인 것이다.

　물론 막연한 생각만으로도 실행에 옮길 수 없지는 않다. 다시 말해서 구체적이지는 않지만 막연한 생각만으로도 행동하는 것이 가능하기는 하다. 그러나 막연한 생각이나 짐작만으로 행동하는 것보다는 확고한 의지와 결심, 각오를 다지고서 구체적으로 실현가능한 방책을 타진하는 등의 준비과정이 선행된다면 보다 효과적이고 만족할 수 있는 성과를 기대할 수 있게 된다는 것은 자명한 일이다.

　이렇게 사와 의(심소, 작심)의 과정을 거친 다음에 비로소 밖으로 드러나는 행동과 수행이 실지로 행해지게 되는 것이다. 그렇다면 다음의 율의와 불범은 사와 심소 단계의 계가 밖으로 드러나고 실행되는 과정이다.

　세 번째 율의계는 출가 수행자라면 바라제목차인 구족계를 수지하는 것이고, 재가 불자라면 오계와 팔재계(八齋戒)와 보살계 등을 수지하는 단계를 가리킨다. 수지한다는 것은 자발적이고 능동적인 자세로 자기에게 적용되는 계율의 항목을 지키며 유지하는 것을 말한다.

　네 번째 불범계는 수지한 계율의 모든 항목과 조항을 범하지 않는 것이다. 범하지 않는다는 것은 어긋나거나 어기지 않는 것이다.

　이와 같이 계율을 지킬 것을 생각하고, 반드시 지키겠노라고 의지와 각오를 다지고, 구족계와 보살계 등을 수지하고, 수계 받은 계율에 대해서 어기거나 범하지 않는 것 등의 사계와 심소계와 율의계와 불범계의 과정을 거쳐서 비로소 계율이 완전하고 원만하게 완성된다.

그러므로 구족계나 보살계 등을 받고 지킨다고 해서 계율이 완성되는 것이 아니라, 받은 계율을 굳게 지켜서 모든 항목에서 범하지 않아야만 계율이 완성되는 것이다. 다시 말해서 계율의 실행 바라제목차, 율의계만으로 완전한 완성이 아니라 실행하면서 조금의 어긋남이나 범하는 것이 없어야만 비로소 계행의 완전한 성취가 이루어지는 것이다.

만약 사계, 계율에 대한 생각 계율을 지켜야겠다는 막연한 생각과 심소계, 계율에 대한 결단과 결심 확고부동한 의지와 자세로 계율을 지키겠노라는 결단과 율의계, 계율을 수지 받아 지니고 유지하는 것에서 그친다면 이것은 계행에 대한 미완의 상태에 지나지 않는다. 불범계, 사계와 심소계를 바탕으로 율의계를 지키면서 사소한 항목에서라도 어기거나 범하지 않는 것으로 계행은 비로소 완성된다.

계행의 완성으로 갈애의 결박에서 벗어나게 된다고 하였다. 갈애의 결박에서 벗어난다는 것은 탐욕과 진에瞋恚와 우치愚癡의 삼독심三毒心에서 해탈하고 해방되는 대자유의 경계와 다르지 않다.

탐욕의 불길, 진에의 노도怒濤, 우치의 폭풍이 바로 화재와 수

재水災와 풍재風災의 삼재三災를 말하는 것이다. 삼재의 소멸을 기원하는 입춘기도와 삼재부적의 효과와 기대를 무시할 수는 없지만, 외형적인 재난의 소멸에 앞서 삼독심의 삼재에서 벗어나게 되는 계행을 완성하는 순간까지 순일純一하게 주력하기를 입춘立春, 봄에 세워야할 다짐이다.

보살계菩薩戒로 바로 서는 불자佛子의 정체正體性
# 당신은 불교신자입니까

불자佛子와 비불자非佛子의 기준은 수계受戒의 여부로 가늠된다. 삼귀의계와 오계五戒, 나아가서 보살계菩薩戒를 받았는가와 그렇지 않은가 하는 것이 불자와 비불자를 구분하는 기준이다. 그러므로 계를 받지 않은 사람은 참된 불자라고 할 수 없다. 또한 계를 받는다는 것은 정작 수계하는 그 자체에 목적이 있는 것이 아니라, 수지受持 즉 '받아서 지키는 것, 지니는 것'에 참된 의미가 있다. 만약 계율을 받기만 하고 지키지 않았다면 불교는 2,600년이 넘는 오늘날까지 그 전통을 지켜 오지 못했을 것이다. 계율은 개인의 수행과 정진, 출가와 재가로 이루어진 교단의 형성과 유지에 골격과 대들보의 역할을 해 온 것이다.

보살계는 불자라면 필수적으로 수지해야 한다. 선택적으로 받거나 받지 않거나 하는 것이 아니라, 불자라면 누구나 마땅히 받아야 하는 계율이 바로 보살계이다. 불자의 기준이자 불자라는 정확한 실체를 갖추는 정체正體가 바로 보살계이기 때문이다. 보살계의 가장 중요한 특징은 혼자 지키는 것이 아니라 모든 중생과 함께 지켜야 한다는 것에 있다. 불살생不殺生의 계율에서도 자기 스스로 살생하지 않는 것뿐만 아니라 다른 사람들까지 살생하지 않도록 해야 한다는 것이다. 보살계에서는 이와 같이 자기 스스로의 지계持戒보다도 중생들의 지계를 권유하고 수행하도록 하는 것에 보다 많은 의미와 의의를 둔다. 이것이 바로 보살계만의 특별한 계율관이다.

자리自利의 수행보다는 이타利他를 우선으로 으뜸으로 여기며 수행하는 것이 바로 보살이며, 그런 보살의 보살계라면 마땅히 자기만의 지계와 수행을 우선으로 하기 보다는 자신 이외의 중생과 함께 계율을 지키며 수행할 것을 우선으로 으뜸으로 해야 하는 것이며, 이것이 바로 보살계의 중요한 특징이다. 보살이 자비의 화신이자 화현으로, 중생의 아픔과 고통을 함께 하고 고통에서 해탈시키는 것이 바로 보살도이며, 마찬가지로 중생과 함께 더불어서 계율을 수지하고 수행하는 것이 바로 보살계이다. 그러므로 나와 더불어서 가족과 친지와 이웃들과 함께 계율을 지키고 수행하도록 하는 것이 보살계를 훌륭하게 수지하는 보살의 의지일 것이다.

불교를 공부하는 목적은 곧 불교를 이 땅에 존재하게 하는 이유가 된다. 또한 그것에서 불교적인 삶의 의미를 찾을 수 있다. 불교는 지식의 축적을 위해서 공부하는 것이 아니다. 부처님의 말씀을 통해서 우리의 마음이 순화되고 우리의 삶을 향상시키는 것이 바로 불교공부의 이유가 된다. 불교는 삶의 진정한 안목을 얻자는 데에 그 목적이 있다. 다시 말해서 참다운 삶에 눈을 뜨자는 데에 불교의 진정한 의미가 담겨 있는 것이다. 불교는 결코 지식의 차원에서 말하는 학문이 아닌 것이다. 불교는 사람이 살아가는 삶 그 자체인 것이며, 이것은 절대적인 원칙이자 신념이다. 지식의 축적으로 불교를 이해하거나 연구하는 사람을 불교인이라고 생각하는 것은 잘못된 것이다.

불교를 공부하는 것은 이고득락離苦得樂, 고통을 떠나고 궁극적인 즐거움을 얻기 위함이며, 세속의 이익이나 명성을 구하려고 공부하는 것이 아니다.

또한 부처님의 근본 뜻을 잘 해석해서 모든 사람으로 하여금 바르게 이해하여 틀리지 않도록 하기 위한 것이며, 선근善根이 성숙한 중생으로 하여금 보다 더 높은 가르침인 대승법大乘法을 감당하여 믿음에 있어서 물러서지 않게 하기 위한 것이고, 선근이 적은 사람으로 하여금 신심信心을 수행하여 이익이 되게 하기 위함인 것이다.

선근이란 사람이 사람답게 살아가려고 하는 기본적인 양심을 뜻한다고 할 수 있다. 이것이 제대로 잡혀 있어야만 진정한 불교인이라고 할 것이다. 다시 말해서 선근이 제대로 된 사람에게는 불교공부를 통해서 보다 더 높은 차원의 깨달음을 감당해 낼 수 있게 되는 것이며, 또한 거기에 대한 확고한 믿음을 가져야 하는 것이며, 이것을 바탕으로 보살계를 수지한다면 비로소 불자라는 확실한 정체성을 확립할 수 있게 될 것이다.

불자로서 보살계를 지키는 생활을 수행하고 실천하면 다음 생에 태어날 때에 천상이나 인간으로 태어나는 것을 보장받게 된다. 그것을 바로 재가계내인천지경로在家戒乃人天之徑路, 생인천지첩경生人天之捷徑이라고 한다. 재가의 보살계는 다음 생애에서는 인간과 천상에 태어나는 지름길인 동시에 현재의 금생에서는 불자로서의 정체성을 확립하는 필수적인 조건이다. 보살계를 받아 지닌다는 것은 승공천상계위선제昇共天上戒爲善梯 허공의 천상으로 올라가는 데에 계가 훌륭한 사다리가 된다를 마련하는 것이며, 월고해지자항越苦海之慈航 삼계의 고해를 건너가는 자애로운 선박에 승선하는 것이며, 나아가서 입열반지요문入涅槃之要門 열반이라는 목적지로 들어가는 가장 중요한 문에 들어가는 것이다.

**위리중생현세간**爲利衆生現世間
당신은 타인의 이익을 위해 살고 있습니까
당신은 세상에 보탬이 되고 있습니까


중생들의 이익을 위해서 세간에 나타난 것, 세간에 보탬이 되기 위해서 세상에 나왔다는 '위리중생현세간爲利衆生現世間'은 불자라는 생명과 존재의 의미가 무엇인가를 확실하게 밝혀주는 명구名句이다.

　　석가모니 부처님께서 사바세계에 출현하신 뜻은 여래관세기자심如來觀世起慈心하사 위리중생이출현爲利衆生而出現으로, 부처님께서 세간을 관찰하시고 자비의 마음을 일으키시어 중생들을 이롭게 하기 위해 세상에 나오신 것이다. 부처님께서 중생에게 베풀고자 하신 이로움은, 물론 감인의 땅, 사바에 만연된 괴로움에서 해탈하여 최상의 즐거움을 만끽할 수 있는 여정을 보여주고 이끌어주는 것이다. '이고득락離苦得樂'이야말로 부처님께서 중생들을 위해 베푸신 최상의 이로움이요, 이를 위해 부처님께서는 탄신에서부터 열반에 드시기까지 수행 정진과 법문으로 일생을 바치셨다.

　　석가모니 부처님께서 룸비니 동산에서 태어나실 때에 '천상천하유아독존天上天下唯我獨尊 삼계개고아당안지三界皆苦我當安之'라고 선언하셨다. 천상천하유아독존은 '천상과 지상 그리고 지하에 이르기까지 실재하는 모든 유형類形에서 하나하나의 생명과 존재가 존귀하여 존중되어야 마땅하기 때문에 모든 생명과 존재와 중생들은 정성과 마음을 다해 서로서로 존중하고 공경하여야 한다'는 말씀이다. 이어서 삼계개고아당안지는 '아상我相과 에고ego에서 비롯된 집착과 욕망으로 인해 고통에 점착된 생사고해生死苦海를 순환하는 삶에서 벗어나지 못하고 있는 모든 존재와 중생들을 이제 내가 마땅히 편안하고 안락하게 하리라'는 선언이며, 이는 석가모니 부처님께서 이 땅에 나투신 목적과 존재의 의미를 알리는 제일성第一聲이다.

　　석가모니 부처님께서는 또한 사라쌍수 사이에서 열반에 드시면서는 세존의 죽음에 안타까워하는 제자와 불자들에게 '자등명법등명自燈明法燈明 자신을 등불로 삼고 법을 등불로 삼아 수행할 것'을 당부하셨다. 이는 부처님의 수행과 생애 또한 중생을 해탈의 법으로 이끌기 위한 방편으로, 영원할 수 없다는 것을 인식하여 천상천하유아독존인 더없이 존귀하고 소중한 각자 자신을 집착과 욕망의 굴레 속에 방치하지 말고 법의 가르침을 따라 수행하여 자기 스스로 해탈과 열반의 법열法悅을 만끽하라는 당부이다. 석가모니 부처님께서는 이렇게 당신 스스로 모범과 기준을 보여 주심으로써 중생의 이익을 위해 출현하였다고 하는 본디 그대로의 소임所任에 진력盡力하신 것이다.

위리중생현세간爲利衆生現世間, 세상에 태어난 의미에 합당하게 중생들에게 이롭고 보탬이 되려면 무엇을 어떻게 하여야 하는지, 과연 내가 할 수 있는 일과 행동은 무엇이며 무엇을 할 수 있을지를 깊이 생각하고, 생각으로 그치지 않는 솔선수범의 행동으로 실행한다면 부처님의 대자비심을 본받는 불자로서의 정체성을 확립하는 계기가 될 것이다.

궁극적으로는 부처님과 같이 중생을 구제하고 제도하는 것이 불자로서 중생을 이롭게 하는 것이겠지만, 부처님과 같은 힘力과 원願에 감히 근접할 수 없는 형편으로서 각자의 역량과 처지에 맞는 위리중생爲利衆生이라면 어렵지 않을 것이다. 또한 궁극적인 중생 구제로 도약하기 위해서는 아무리 사소한 위리중생의 실천행이더라도, 미약하고 미미한 것이어서 보탬이 되거나 도움이 되지 않을 것이라고 지레짐작하여 소홀히 하거나 포기하거나 멈추지 말아야 하는 것이다. 중생에게 보탬이 되는 행동을 하지 않는 것을 부끄러워하고 하지 않는 것이 잘못된 것이지, 하찮고 작은 일이라도 중생에게 이익이 된다면 쉼 없이 실행해야 한다. 그 대상 또한 모든 생명과 존재와 사물, 즉 삼계三界의 중생에까지 광범위하게 적용된다고 할 수 있다. 단군의 건국이념인 '홍익인간弘益人間, 널리 인간을 이롭게 하리라'보다 진일보進一步하여 확장된 개념인 '요익유정饒益有情, 넉넉하게 인간은 물론 모든 생명을 지닌 모든 존재까지 포함하여 이롭게 하리라'의 경지가 '위리중생현세간爲利衆生現世間'에 보다 가깝다고 할 수 있겠다.

만에 하나라도 중생에게 이익이 되고 보탬이 되는 행동을 하지 않는 것도 모자라 중생을 위해危害하거나, 중생이 손해를 당하게 하거나, 중생을 위험에 빠뜨린다면, 그것은 존재의 의미를 잊거나 혹은 존재를 포기한 파렴치하고 몰지각한 처사處事이다.

불자라면 언제 어디서든 마땅히 중생의 이익과 보탬을 위해서 노력해야 한다. 불도를 수행하는 궁극적인 목적인 깨달음 역시 깨달음을 통해서 중생을 구제하는 것으로 중생에게 더없는 이로움을 주려는 회향을 위한 것이다. 깨달음이 깨달음으로 그치는 것이라면 깨달음의 가치와 의미는 전무한 것이다. 깨달음을 통해서 중생을 구제하고 제도하여 모든 존재가 함께 불도를 이루겠노라는 원력과 회향으로 깨달음의 가치는 무한대로 뻗어가고, 그 의미는 더욱 확실해진다.

'위리중생현세간爲利衆生現世間' 하신 석가세존을 순순히 따르는 불자라면 부처님의 제자라는 지위에 마땅하게 중생과 세상에 이익이 되고 보탬이 되어야 한다. 그것이 바로 우리가 생명을 받아 세상에 태어난 이유이자 마땅히 하여야 할 일이기 때문이다.

삼신불三身佛과 삼신三身
## 내 마음의 본체, 법신法身

'삼신불三身佛'이란 부처님을 진리와 과보果報와 시적示寂 등의 세 가지의 관점에서 법신불法身佛, 보신불報身佛, 화신불化身佛로 분류해 설명하는 것이다.

영원한 생명과 진리적인 관점으로의 법신불, 수행의 공덕과 결과적인 측면에서의 보신불, 분명한 행적과 자취가 남아있는 역사적인 실존의 화신불로 부처님을 설명하면서 각각의 관점에서 부처님에 대한 불자들의 이해를 돕는 것이다.

영원불변의 진리 그 자체를 법신불法身佛이라고 하는데, 법을 부처님의 신체로 설명하는 것으로 법신法身이란 절대 완전한 형상을 상징한다고 할 수 있다. 그러므로 부처님의 본래적인 의미가 바로 법신이다. '법을 보는 자, 나를 보는 것이다'라는 선언이 바로 이를 의미한다.

부처님을 우러러보면서 절을 올리며 예배드리는 것은 바로 청정법신清淨法身인 최상의 훌륭한 가르침인 진리와 법을 보고, 진리와 법에 참배 드리는 것과 동일하다. 법신불이란 모든 부처님에게 갖춰져 있는 법과 진리 자체를 일컫는다.

보신불報身佛이란 법에 수순隨順한 수행과 공덕의 성과인 과보로 얻어진 부처님의 몸을 말한다. 법장 비구가 원력과 수행으로 무궁무진한 공덕이 갖추어진 아미타불을 나투게 한 것이 바로 보신불에 해당한다. 석가모니불도 인위因位에서의 원력과 수행으로 공덕의 성취를 상징하는 32상相 80종호種好 등을 구족한 완벽한 진리의 구현체로서의 보신불을 이룩하게 된 것이다. 따라서 보신불이란 부처님의 양상樣相과 특성에 해당하는 부분으로, 보신으로서의 부처님은 무한한 불법의 근본이 되는 동시에 완전한 지혜와 합일하는 불신관佛身觀인 것이다.

화신불化身佛이란 역사적으로 분명한 행적과 자취가 남아 있는 실존의 부처님을 가리킨다. 일생 동안의 삶을 화신의 흔적으로 증명하고 있기 때문에 헤아릴 수 없이 많은 화신을 나투셨다는 의미에서 '천백억화신'이라고 명명命名하는 것이다.

이러한 삼신불을 달에 비유한 것이 널리 회자되고 있는데, 하늘에 떠있는 둥근 달은 법신불이며, 보름달과 초승달과 반달 등으로 날마다 다른 모습을 보이는 것은 보신불에 해당하며, 물에 비친 달그림자는 화신불에 견주어 설명한다.

법신불인 둥근 달은 항상 변함이 없는 것이지만, 지구의 자전에 따라서 날마다 다른 모습의 달빛을 보게 되는 것은 공덕 수행에 따라 영향력이 다른 보신불의 양상을 띠는 것이며, 물속에 비친 달그림자는 일시적으로 나타나는 화신불에 비유되는 것이다. 달그림자와 보름달과 반달과 초승달 등의 근원은 밤하늘에 떠있는 둥근 달인 것과 같이 결국 화신불과 보신불의 근원은 법신불이다.

이처럼 삼신불은 다양한 관점으로 부처님을 살펴본다는 점에서 중요하다. 또한 삼신불의 의미를 보다 명확히 파악하고 이해한다는 것은 자성自性의 삼신三身을 성찰한다는 것과 다르지 않다.

마음의 본체本體가 곧 법신이며, 마음의 작용이나 능력이 곧 보신이며, 본체인 마음자리와 더불어 능력으로서의 마음이 구체적으로 표현되고 드러나는 것이 곧 화신인 것이다.

마음의 본체인 법신이란 자성청정심自性淸淨心이며 진여眞如이며 여래장如來藏이며 불성佛性이다. 《유마경》에서 마음을 법신이라고 표현한 것도, 보신과 화신의 의지처가 되는 진리의 몸 그 자체인 법신과 같이 마음 또한 모든 작용의 근거가 된다는 것을 강조하여 설명한 것이다.

마음의 작용인 보신이란 능력이며 자질이며 소양이며 재능이다. 각자의 능력에 따라서 염불을 잘 하거나, 참선을 잘 하거나, 청아한 음성으로 경전을 독경하거나, 그림을 그리거나, 요리를 하거나, 노래를 부르거나, 뛰어난 언변으로 법문을 잘 하는 능력을 지니고 있는 것 등이 모두 마음의 작용인 보신에 해당하는 것이다. 과보를 갖춘 능력, 과보의 몸이라는 의미에서 보신이라고 한다.

이러한 능력과 재능을 드러내고 표현하는 것이 화신이다. 본체인 법신과 능력인 보신이 구체적으로 드러나고 표현이 되지 않는다면 잠재되어 있을 뿐 행동으로 구현되지 않는 것이어서 화신이라고 할 수 없으며, 결국 법신과 보신 또한 의미와 가치를 상실하게 된다.

법신과 보신에 못지않게 화신이 중요하고 소중한 이유가 여기에 있다. 염불을 잘 한다면 염불을 부지런히 하는 것이 법신과 보신의 참다운 의미를 드러내는 것이며, 동시에 삼신에 부합하는 의지이며 행동인 것이다.

삼신불의 설명에서와 마찬가지로 법신은 보편적인 실체이며, 보신과 화신은 개별적인 동시에 특별한 소양이며 능력이다. 영원불변하는 진리와 법이 보신불과 화신불을 통해서 구현되는 것과 같이, 보편적인 실체로서의 자성인 법신은 보신과 화신을 통해서 드러나는 것이다.

법신을 구현하는 나만의 방편과 자질은 과연 무엇이며, 어떻게 표현해야 삼신에 부합하는 최상의 방도인지를 모색하여 부지런히 노력하고 정진해야 한다.

삼보三寶의 정의와 삼귀의계三歸依戒
## 부처님도,
## 부처님 가르침도,
## 모든 불자들까지도 존중하고 공경해야

불교佛敎의 의미를 깊이 캐고 들어가면, 다음 세 가지 뜻이 담겨 있다. 첫째가 가르치신 부처님이요, 둘째는 부처님의 가르침이며, 그러한 가르침으로 부처가 되려는 수행자가 세 번째 의미이다. 이 세 가지 의미는 부처님佛과 부처님의 법法과 법에 수순隨順하는 수행자僧 등 불佛·법法·승僧 삼보三寶를 지칭하는 것으로, 불교라고 할 때에는 이미 삼보의 의미를 모두 포함하며, '불교가 곧 삼보'이며, '삼보가 곧 불교'라는 것과 다르지 않다.

삼보가 갖추어짐으로써 불교의 의미가 완전하게 되는데, 만약 삼보 가운데 하나라도 결여된다면 완전한 불교가 성립되지 않는다. 즉, 삼보가 병립되어야만 참된 불교가 이루어지는 것이다. 불교를 구성하는 절대적 조건인 부처님과 부처님의 법과 부처님과 부처님의 법에 의지하고 수순하면서 수행하는 승단이야말로 세간과 천상의 보배에 비할 수 없는 존재라는 것을 강조하기 위해서 세간의 보물에 비유하여 표현한 것이 바로 삼보이다.

부처님을 존경하는 것은 불완전한 사바의 삶에서 깨달음覺, 즉 보리菩提를 증득證得하여 어느 누구의 힘을 빌리거나 의지하지 않고 스스로 완전무결한 완성을 이루어 성취하신 성인이기 때문이다. 사실 불완전한 존재인 인간은 미완성의 인생을 살아갈 수밖에 없다. 그런데 부처님은 그 한계를 뛰어넘어 인간이 도달할 수 있는 가장 최상의 지위에 오르셨던 것이다.

부처님의 깨달음, 혹은 '완전한 완성'이란 바로 우리 모두 인연과 연기緣起로 맺어진 관계와 세계와 시간 속에서 존재하게 된다는 것이다. 또한 최상의 법이나 진리라고 하더라도 집착하게 되면 옳지 못한 것이므로 어떠한 경우에라도 자신의 생각에만 집착하는 배타적인 자세를 경계해야 하며, 자신과 다른 주장이라도 겸허히 받아들이는 중도中道의 유연한 시선을 견지해야 한다는 것이다. 그리하여 궁극적으로는 불자만이 아니라 모든 존재와 모든 생명이 모두 부처라는 진리를 터득하신 것으로 깨달음을 완성하였다.

불완전하고 미완성인 인생으로 살아가는 것은 자기중심적인 사고와 가치관我相, 我相에서 비롯되는데, 자기에게 국한된 시선을 타인을 향해서 무한정無限定으로 확대하고 넓혀간다무연자비, 無緣慈悲면 완전하고 완성된 삶을 누릴 수 있다.

불법을 구성하는 절대적인 조건인 삼보에 귀의할 것을 선언하는 '삼귀의계'는 출가와 재가를 막론하고 불자라는 위상을 좇는 첫 단계에서 필수적으로 거쳐야 하는 절차이다. '귀의한다'는 것은 존중하며 공경하고, 찬탄하며 예배하고, 공양하며 받들면서 가르침과 행동을 의지하고 따르겠노라는 각오를 다지며 맹세하는 것이다.

'귀의불歸依佛'이란 모든 부처님께 의지하는 것으로, 다시는 외도外道나 천신天神에게 의지하지 않겠노라는 자율적이고 능동적인 자기 정화淨化이다. '귀의법歸依法'이란 부처님의 법인 정법과 진리에 의지함으로써 바르지 못한 법사법, 邪法을 의지하거나 따르지 않겠노라는 다짐인 동시에 정법 구현에 일조하리라는 전법傳法 선언인 것이며, '귀의승歸依僧'이란 부처님과 부처님의 법에 수순하는 수행자에게 귀의하는 동시에 모든 중생들을 공경하며 존중하겠노라는 인욕행자忍辱行者로서의 수행에 참예하겠노라는 각오를 선포하는 것이다.

특히 '귀의승歸依僧'은 재가 불자에게 출가승단을 향한 무조건적이고 일방적인 존중과 공경을 강요하는 것이 아니다. 재가와 출가를 구분하지 않는 상호존중과 상호공경을 통해서 성장과 안락을 실현하여 모두 함께 깨달음을 증득하고 완성하자는 이념이며 실천인 것이다.

이처럼 상호간의 존중과 공경을 정립하고 확대해 가기 위해서는 그 가운데에 확고한 중심과 바탕이 확보되어야 하는 것이 중요한 선결 조건이다. 그것은 바로 수많은 부처 가운데에 우리가 살아가고 있는 시대와 상황에서 주요하고 맞춤한 석가모니불을 본사本師로 신봉하는 것처럼, 승가 또한 부처를 완성하기 위해 정진하는 수많은 불자 가운데에서 중추적인 역할을 감당하는 계층이라는 것이다.

따라서 승가는 수행과 위의로 재가 불자의 지침과 좌표의 역할을 담당하고, 모든 불자들은 승단을 본보기로 수행하는 것이어서, 승단의 일거수일투족이 곧바로 모든 불자의 좌표座標가 되는 막중한 임무와 책임이 승단에게 부여된 것이다. 모든 불자들의 입장에서는 모범의 표상으로, 일상이 곧 수행으로 생활하는 승단이 귀의의 대상인 것이며, 승단의 관점에서는 부처를 완성하고 불도를 성취하려는 수행의 도정道程에서 재가의 불자 역시 존중하고 공경해야만 하는 대상인 것이다. 이는 모두가 궁극에서 부처가 될 것이기 때문이다.

진정한 귀의승이란 본사本師이신 석가모니 부처님과 부처님의 법을 의지하고 수순하는 스님들로부터 부처님과 부처님의 법으로 불성을 완성하고자 바라밀을 수행하는 모든 불자와 나아가 동업同業의 지중한 인연으로 함께 살아가는 모든 생명과 모든 존재들까지 하심下心과 겸손으로 공경하고 존중하며 의지하고 신봉하며 수순할 것을 맹세하며, 이러한 나의 다짐과 각오를 모든 존재들에게 선언하는 절차이며 의식이다.

　이렇게 존중과 공경의 대상을 보편적으로 한계 없이 확장하자는 것이 삼귀의의 진정한 이념이며 실천이다. 입문의 절차로 삼귀의계가 마련되고 시설施設된 것도 모든 부처님과 모든 가르침과 모든 생명과 존재를 향한 공경과 존중을 실천하기 위함이다. 불자로서의 자발적인 삶을 시작으로, 참다운 자기실현을 향해 부단히 노력하겠노라는 삼귀의 선언은 곧 불교의 생명존중 사상으로 직결된다고 해도 지나침이 없을 것이다.

회기향타 回己向他
## 내 안의 고통에 끄달리고 있다면
## 밖으로 시선을 돌려봅시다

고통과 업장을 소멸하는 열쇠는 지혜이다. 지혜라는 광명의 빛이 켜지기만 하면 아무리 오래되고 깊고 두꺼운 업장과 고통이더라도 순식간에 사라지게 된다. 비유하자면 수억만 년 된 동굴 속의 칠흑 같은 어둠이나 지척을 분간할 수 없는 깜깜한 방안에 처하더라도, 전등불의 스위치를 올리는 찰나의 순간에 환하게 밝아지는 것과 같은 이치이다.

시간적으로 오랜 세월 동안 누적된 어둠이라는 이유로, 혹은 한 치 앞을 내다볼 수 없는 짙은 어둠이라고 해서 며칠이나 몇 시간이 있어야만 어둠이 없어지고 환해지는 것이 아니다. 백겁의 무수한 세월을 거치면서 쌓이고 모여 누적된 죄장罪障*이라고 하더라도 지혜를 깨닫는 찰나의 한 순간에 모두 소탕한다는 백겁적집죄百劫積集罪 일념돈탕진一念頓蕩盡이 바로 이것을 설명하는 게송偈頌이다.

어둠을 물리치고 해결하는 열쇠나 요점이 전등불이라면, 우리의 고통과 업장을 소멸하고 해결하는 키포인트key point는 지혜이다. 그것이 바로 지혜인 광명으로 고통과 업장인 우리들 마음속의 무명無明을 물리치고 소멸하는 빛으로 지혜를 설명하는 것이다.

이처럼 지혜를 증득하는 순간, 모든 고통과 업장을 뛰어넘고, 모든 번뇌와 집착에서 벗어나게 된다는 것은 지혜의 완성으로 온전하게 이룩된 지혜의 단계를 가리키는 것이다. 궁극적인 완성의 경지에 도달하기 위해서는 필수적인 과정과 여정을 묵과할 수 없으며, 자리적自利的 수행에 뒤지지 않게 이타적利他的 보살행을 중시하는 이유가 바로 그것이다.

세간과 출세간을 가리지 않고 모든 조건을 충족하고 완성시키기 위해서는 갑절의 노력을 끊임없이 지속정진 精進해야만 한다. 현생에서의 학업이나 직업은 물론 가정을 꾸리거나 인간적인 관계와 유대를 위해서 꾸준한 노력과 정성을 기울여도 기대만큼의 성과成果를 이루기가 쉬운 일이 아니라는 것을 우리는 경험으로 충분

---

* 악한 행위를 저지른 과보로 받는 장애나 해탈을 방해하는 악한 행위를 이르는 말.

히 알고 있다. 하물며 억겁의 세월동안 누적된 모든 고통과 업장을 단번에 해결할 수 있는 지혜의 완성이란 얼마나 지난至難할 것인지 가늠조차도 불가한 것이 우리네 업장이다.

그럼에도 불구하고 완성된 지혜를 이룩하여 숙세宿世의 모든 고통과 업장을 단번에 해결하고 소탕하는 것은 모든 불자들의 이상향理想鄕이며 궁극적인 취향처趣向處라는 것을 확대하고 확장하여, 이상향과 취향점에 도달하는 중간의 과정이나 기착지에도 고통과 업장의 강도와 크기는 분명히 달라질 것이라는 것에 주목하고자 한다.

'돈頓'으로서 단번에 완성하는 지혜의 측면을 강조하는 시각을 낮추고 넓혀서 점적漸的 부분으로 완성에 이르기까지의 과정과 여정으로 시야를 확대한다면, 도저히 이루어낼 수 없는 경지여서 꿈꿀 수조차 없는 불가항력적인 고차원의 단계라고 지레짐작하게 하거나 혹은 시도조차 해 보지 못하는 무기력감에 침잠沈潛하게 하는 폐단에서 벗어날 수 있을 것이라는 기대를 품기 때문이다.

'점漸'으로서 지혜의 완성을 추구하며 나아가는 과정이란 무엇인가.

나의 고통과 업장에 집중하고 치중하는 것에서 시야와 의식을 확대하여 모든 생명의 고통과 업장에 대처하고 완화시키려는 노력에 비례하여 고통과 업장의 강도와 긴장은 줄어들고 감소될 것이다. 만약 나의 고통과 업장의 소멸만을 추구한다면 백겁, 천겁의 인생을 다시 태어난다고 하더라도 지혜의 완성을 기대할 수 없을 것이다.

업장의 강도를 낮추고 고통을 완화시키기 위해서는 끝없는 자기 성찰과 함께 타인을 향한 무한한 배려와 존중의 자세, 고통과 업장에서 허덕이는 생명에 대한 연민과 구제의 손길이 요구된다. 이것은 나의 고통과 업장이 힘겹고 벗어나고픈 만큼 모든 존재와 생명을 향해서 동일한 시각과 이해를 갖는 것에서 시작된다.

주어진 상황과 형편의 악조건에도 불구하고 불굴의 의지로 학업을 완성하거나, 자수성가의 입지전적인 인물이 되거나, 혹은 결손가정에서도 자식을 훌륭하게 훈육하는 어버이 등은 모두 각고刻苦의 노력을 아끼지 않은 완성의 결과인 것이다. 그러므로 병고와 업장이 힘들고 두꺼울수록 성실한 자세와 배전의 노력으로 대처해야만 할 것이다.


고통의 강도를 완화시키고 업장의 과보를 경감輕減시킬 수 있는 조건 가운데 가장 수승한 최상의 방책은 관심과 역량의 전환이다.

안으로 소소한 자기의 고통과 업장에게만 집중된 시선과 정성을 밖으로 돌려보자. 이렇게 밖으로 광범위하게 모든 존재와 생명의 고통과 업장까지로 전환하고 확대시켜 존중과 보시의 역동적이고 적극적인 실행을 평생의 과업으로 수행遂行하자. 이것이야말로 가장 빠른 시간 안에 지혜의 완성에 도달할 수 있는 지름길이다. 동시에 진솔한 사람들이 참다운 인생에서 맛볼 수 있는 가장 기막힌 반전反轉일 것이다.

제행무상諸行無常

**행복이 영원할 거라고 믿는 당신,
불행이 계속될 거라고 우는 당신
지금 이 순간 최선을 다 하세요**

제행무상諸行無常, 제법무아諸法無我, 열반적정涅槃寂靜 이 세 가지는 불교의 근본 교리이다. 이는 세 가지 진리라고 하여 삼법인三法印이라고 한다. '법인法印'이란 '도장을 찍는 것처럼 확실하고 영원불변한 진리'를 뜻하는데, 삼법인에서 가장 먼저 꼽히는 것이 바로 '제행무상'이다.

제행무상諸行無常이란 '모든 생명과 존재는 끊임없이 변화하며, 그 시작과 끝이 있다'는 뜻이다. 이는 '모든 존재와 현상이 변화도 없이 언제나 똑같을 수 없다'는 것으로도 풀이할 수 있는데, 모든 생명과 존재가 소멸되는 것은 시간의 문제일 뿐이며, 소멸이란 모든 생명과 존재의 공통적인 과정이라는 점에 주목한 것이다.

지루한 장마도, 힘겨운 폭염도 한때 지나치는 계절 현상이기에 견디며 이겨낼 수 있다. '세월이 약'이라는 노랫말도 아무리 뼈아픈 아픔이나 고통이라도 시간이 지나가면 그 농도가 옅어지게 된다는 의미에서 제행무상과 밀접하다고 할 수 있다. 기쁨과 노여움, 슬픔과 즐거움 등 순간의 감정이나 물리적인 현상에 그때그때 반응하며 동요하거나 헤맬 것이 아니라 언제나 변함없는 평정한 마음과 의지를 잃지 말아야 한다는 것이 제행무상의 본 뜻이다.

이를 충분히 이해하고 철저히 인식한다면, 혼란스런 일과 고통스런 일이 닥치더라도 지나치게 놀라거나 실망하지 않게 될 것이다. 자신의 삶에서 무엇인가를 잃어버린 후의 느낌이나 감정에 시달리며 온 몸이 굳어져 버리거나 가눌 수 없어 허우적대지는 않게 될 것이다. 왜냐하면 지금 이 순간 무엇인가를 잃어버린 아픔을 겪지 않더라도 머잖은 장래에 시절 인연 다하는 순간이 닥치는 것을 사람의 힘으로 도저히 막을 수 없고 어떻게 할 도리도 없다는 제행무상의 이치로 충분히 알 수 있기 때문이다.

제행무상은 그저 상실의 극복을 강조하는 명제가 아닌 지금 바로 자신에게 주어진 시간, 상황, 사물, 인연 등을 소중히 여기고 감사히 생각해야 한다는 것을 보다 중요하게 다루는 것이다.

공자孔子, BC 551~479가 《계사전繫辭傳》\*에서 언급한 안이불망위安而不忘危, 존이불망망存而不忘亡, 치이불망난治而不忘亂 등의 '삼불망三不忘'도 제행무상을 세 가지 관점으로 나누어 세밀하게 논설한 것이라고 할 수 있다.

'안이불망위安而不忘危'란 아무런 걱정이나 근심이 없어서 편안하고 안정되었다고 하더라도 위험이나 위기가 올 수 있다는 것을 잊지 말아야 한다는 뜻이며, '존이불망망存而不忘亡'이란 양친부모께서 생존해 계시는 것은 물론 가족과 친지와 권속들이 하나도 빠짐없이 모두 존재하고 있다고 하더라도 돌아가실 수 있다는 것을 잊지 말고 명심하자는 뜻이고, '치이불망난治而不忘亂'이란 집안이 잘 다스려지고 관리되고 있더라도 행여나 어지러워질 수도 있다는 것을 잊지 말고 대비해야 한다는 뜻이다.

제행무상이기 때문에 영원한 안락安樂을 보장할 수 없고, 영원한 생명을 이어갈 수 없으며, 영원한 평정平正도 확보할 수 없는 것이다. 영원히 안락할 수 없다는 이치를 깊이 이해하고 실천함으로써 닥치는 위기를 헤쳐 나갈 수 있게 되고, 영원히 함께할 수 없다는 현실을 인정함으로써 처참한 상실을 극복할 수 있으며, 변함없이 평정할 수 없다는 사실을 받아들임으로써 혼란한 상황에서도

---

\* 《주역周易》의 괘(卦)를 상세하게 풀어 놓은 주석서. 공자가 지었다고 하나, 구양수(歐陽修, 1007년~1072년)는 공자의 저술이 아니라고 주장하였다.

이겨낼 수 있는 지혜가 바로 제행무상의 이치를 깨침으로써 얻게 되는 도리이다.

안이불망위安而不忘危의 '위기危'와 존이불망망存而不忘亡의 '상실亡'과 치이불망난治而不忘亂의 '혼란亂'이 닥치더라도 나 하나만이 겪는 게 아니라 어느 누구에게나 일어날 수 있는 보편적인 문제이며 상황이라는 것도 알아야 한다.

만약 특정 개인에게만 일어나는 문제라면, '제행무상'과 '삼불망'이리는 보편적 명세와 그에 대한 해석이 어떻게 존립할 수 있겠는가. 지금 내가 처한 상황이 누구라도 겪을 수 있는 보편적인 상황이라는 인식이 깔리면 위기와 상실과 혼란을 이겨내고 뛰어넘고자 하는 용기와 의지를 다질 수 있다.

이러한 인식은 인생을 새롭게 변화시키는 반전反轉의 계기가 될 것이다. 마음의 안정을 유지하게 할 뿐 아니라 예전과는 비교할 수 없을 만큼 삶의 가치가 소중하게 느껴지게 될 것이다.

우리는 지금의 상황에서 모든 사실을 있는 그대로 받아들이며 평화와 감사를 느끼며 변화할 수밖에 없는 존재이다. 그렇다면 그 변화를 통해서 성장과 발전을 도모하리라는 각오부터 다지는 것이 중요하다. 항상 성실하게 최선의 노력을 기울이며 미련이나 후회를 남기지 않는 충실한 삶을 살아가는 것이 제행무상의 진리에 수순隨順하는 올바른 자세이다.

만민함락萬民咸樂

나와
내 가족과
이 사회와
세상 모든 인류의 안락을 위해


수행의 궁극점은 만민함락萬民咸樂의 실현이라고 할 수 있다. 수행으로 완성한 깨달음으로 모든 생명을 고통에서 벗어나게 하고 안락을 누리도록 하는 것이 대승보살의 목표이기 때문이다. 그러므로 만민함락이란 불교적인 상호 소통의 이상향을 가리킨다. 또한 불교란 만민함락을 추구하고 구현하기 위한 가르침이자 수행인 것이다.

　　인간은 사회적인 존재라고 하는 정의도 연기와 소통을 다르게 표현하는 명제인 것이다. 사회적인 존재라면 소통과 교류를 통해서 존재를 확인하고 증명하게 되는 것이며, 소통과 교류의 이념을 설명하는 것이 바로 인연법이며 연기법인 것이다.

소통과 연기는 일방적인 독존獨存이나 고집이 아니라 상대적인 동시에 역지사지易地思之가 생각으로만이 아니라 실제적인 행동으로 동시다발적으로 이루어지는 중중무진重重無盡의 경계를 의미하는 것이다.

함락咸樂을 무시하고 경시하는 소통은 아집이나 권력에 지나지 않는다. 아상과 아만으로 군림하거나 지배하려고 한다면 소통은 기대할 수 없고, 따라서 화합과 상생과 발전도 이룩할 수 없게 된다.

만민함락은 발고여락拔苦與樂의 적극적이고 능동적인 관점과 이고득락離苦得樂의 소극적이고 수동적인 부분으로 이루어지게 된다. 그러므로 '함락'은 여락與樂과 득락得樂의 측면에서 살펴볼 수 있을 것이다. 모두가 안락하다는 것은 결국 안락을 주는 능동적인 입장과 안락을 얻는 수동적인 입장으로 구족되기 때문이다.

보살은 중생을 발고여락해 주기 위해서 보살행을 부지런히 닦고 힘써 실천하는 것이며, 중생은 보살을 통해서 이고득락의 경지에 이르게 되는 것이다. 그런데 이러한 함락의 관계는 일방적인 교류가 아니어서, 중생이 보살을 발고여락하고, 보살이 중생을 통해서 이고득락하는 전환과 반전이 가능하게 된다. 고통에 아파하는 중생을 보는 것은 보살에게는 그 무엇보다 괴로운 일이며, 고통을 떨쳐내고 안락을 누리는 중생을 통해서 보살도 또한 득락의 보람을 누리게 되기 때문이다.

　　보살이면서 중생의 득락을 느낄 수 있고, 중생의 분상分上에서도 보살의 기쁨과 환희를 충분히 체험하고 짐작할 수 있는 곳이 바로 우리가 살아가고 있는, 무한한 가능성을 지닌 도량인 것이다. 이와 같이 주기만 하거나 혹은 받기만 하는 일방적인 관계란 어떤 상황에서도 성립될 수 없으며, 주면서 받거나 혹은 받으면서 주는 상호의 교류가 동시다발적으로 이루어지고 실행됨으로써 원만한 소통과 이상적인 관계가 실현되고 맺어지게 된다. 이것이 바로 중중무진의 연기이며, 만민함락의 근본이념이다.

　　수행자는 법보시法布施를 수행함으로써 재가의 불자들을 발고여락하게 하고, 재가의 불자들은 수행자의 법문과 수행을 통해서 법에 대한 이해를 도모하여 무명과 번뇌와 욕심의 고통에서 벗어나 안락을 느끼고 누리게 된다.

　　또한 재가의 불자들은 재보시財布施를 실천함으로써 출가 수행자를 발고여락하게 하는 능동적인 함락을 만족하게 되는 것이다. 능能의 역할과 소所의 역할을 동시에 충족하고 담당하는 자비의 보시행을 통해서 원만한 소통과 이상적인 교류가 완성되게 된다. 여락으로 득락하게 되고, 득락을 체험함으로써 결과적으로 여락을 근행勤行하여 득락하게 한다면 함락의 정토淨土가 펼쳐지게 될 것이다.

출가와 재가 불자의 여락과 득락이라는 소통과 연대는 남편과 아내의 부부 관계, 부모와 자식의 가족 관계, 스승과 제자의 사제 관계, 근로자와 고용주의 노사 관계 등에도 그대로 적용된다. 남편과 아내, 부모와 자식, 스승과 제자, 고용주와 근로자가 모두 여락하며 득락하고, 득락하고 여락함으로써 함락을 추구하고 이룩하게 되는 것이다. 결국 자신의 행동과 직업을 통해서 가정과 사회와 국가와 나아가 인류 공동체의 일원이라는 위치를 확인하고 충실히 수행하는 것이 소통의 원칙일 것이다.

사실 만민함락이란 스님들이 조석 예불과 사시 불공을 봉행하면서 올리는 축원문의 한 구절이다. 이것을 매일 세 차례씩 반복하며 염불하는 것은 만민의 함락이 출가 수행의 과제이자 주안점이라는 것을 명심하고 노력할 것을 스스로에게 끊임없이 확인하는 의식이며 절차이다.

나는 상대를 위해서, 나아가 만민의 안락을 위해서 무엇을 어떻게 할 수 있으며, 하고 있는 가에 대해서 성찰하고 반성하는 것이 소통과 교류의 출발점일 것이다.

상대와 만민의 함락이 나의 안락이나 안정과 다르지 않다는 것을 인식한다면 상대를 위하고 배려하는 것이 결국 또 다른 나를 존중하고 배려하는 양상과 다르지 않다.

불탐위보 不貪爲寶

## 있어보이고 싶은 당신,
## 두타행으로 탐욕과 번뇌부터 털어놓길

송나라에 사는 한 사람이 귀중한 옥玉을 얻게 되었다. 그는 당시에 청렴하기로 이름난 제후 자한子罕에게 옥을 헌납하기로 했다.

"세상의 사람들이 귀한 보물로 여기는 옥을 바치오니, 받아주시옵소서."

그러나 자한은 옥을 받지 않으면서

"나는 탐하지 않는 것을 가장 귀중한 보물로 삼고 당신은 옥을 보물로 삼고 있으니, 만약 당신이 그것을 내게 주고 내가 그것을 받는다면 두 사람 모두 보물을 잃어버리는 일이 될 것이다. 그러하니 그 보배는 나보다는 당신이 갖고 있는 것이 두 사람 모두가 보물을 지키는 일일 것이다."

라고 하였다.

이는 노나라의 좌구명左丘明이 공자孔子의 《춘추春秋》를 다시 해석한 주석서 《춘추좌씨전春秋左氏傳》에 나오는 고사故事로, 이와 비슷한 의미에서 노자老子는 '만족할 줄 모르는 것이야말로 가장 큰 재앙이다화막대어불지족 禍莫大於不知足'라고 강조하였다.

부처님께서도 '탐욕'을 집착과 함께 고통과 괴로움을 야기하는 가장 근본적이면서 많은 부분을 차지하는 원인이며, 깨달음과 수행을 장애하는 요인이 되는 것은 물론 삼악도三惡道로 타락하는 과보果報를 초래하게 될 것이라고 열거하여, 출가와 재가를 막론하고 경계해야 한다고 당부하셨다.

불교 수행인 두타행頭陀行은 의식주의 전반적인 생활상에서 탐욕을 털어버리기 위한 지침으로, 음식과 의복과 처소에 탐착貪著하는 세 종류의 사람들을 교화하기 위한 방편이다.
범어 '두타頭陀 dhūta'는 '흔들어 털어낸다'는 뜻을 가진 동사 어근 '√dhū'에서 파생된 것으로 탐욕과 번뇌를 털어버린다는 의미이며, 음역音譯하여 '두타'라고 하며 의역意譯하면 두수抖擻·기제棄除·제견除遣 등이라고 한다.

'두수抖擻'란 옷에 묻은 먼지를 털어내기 위해서 옷을 흔드는 것처럼, 마음속의 탐욕과 번뇌를 흔들어 털어버린 다는 뜻이며, 그런 의미에서 의식주의 일상생활 속에서 탐욕과 번뇌를 털어내기 위한 지침과 덕목을 두타행이라고 하는 것이다.

두타행은 12두타 혹은 13두타로 설명하는데 걸식乞食, 일발식一鉢食, 일좌식一坐食, 식후불식食後不食 등 음식에 관련된 것과 분소의糞掃衣, 삼의三衣 등 의복에 관한 두타와 아란야阿蘭若, 수하주樹下住, 노지주露地住, 총간주塚間住, 수처좌隨處坐, 장좌불와長坐不臥 등 처소와 선정에 관한 두타 등을 말한다.

음식과 관련된 두타 가운데 차제걸식次第乞食 조항의 포함 여부에 따라 12두타와 13두타로 분류되는데, 가장 검소하고 조촐하고 소박한 생활을 실천하는 것으로 탐욕과 번뇌에서 벗어나게 된다는 방침을 말한다.

이러한 두타행은 부처님 당시의 상황과 여건에서 실천이 가능한 생활일 것이므로, 복잡하고 다양한 오늘날의 실정에서는 이미 호소력을 잃어버린 명문名文에 지나지 않는다고 치부될 수 있다. 그러나 《유가사지론瑜伽師地論》에서는 현실적으로 주목되는 두타행을 설명하고 있어, 고금古今을 관통하는 예지력에 놀라움을 금할 수 없게 된다.

《유가사지론》에 의하면 제일 먼저 음식에 관한 탐욕을 미식탐美食貪과 다식탐多食貪으로 요약하여, 미각을 뽐내며 맛있는 음식을 찾아다니거나 입맛에 당긴다는 이유로 과도한 음식을 섭취하지 않는 것으로 음식 두타를 수행할 수 있다고 하였다. 다음에 의복에 관련된 탐욕을 상묘탐上妙貪, 연촉탐軟觸貪, 다의탐多衣貪으로 정리하여 값비싸고 귀한 옷이나 부드러운 촉감의 옷, 많은 옷을 소유하지 말라는 것이 의복 두타의 정의라고 해석하였다. 마지막으로 처소에 관한 탐욕을 옥우탐屋宇貪, 부구탐敷具貪 등으로 나누어 웅장하고 좋은 집에서 지내는 것을 삶의 목적으로 삼거나 푹신하고 안락한 침구와 가구 등에 대한 지나친 미련을 버리는 것이 처소 두타의 수행과 다르지 않다고 강조하고 있다.

　이러한 설명을 확장하여 재해석하자면, 친환경적인 소박하고 정갈한 음식과 자연 염색의 조출하고 편리한 의복과 자연을 해치지 않는 자연과 하나 되는 삶을 추구하는 것이 두타행을 실천하는 현재의 방식이라고 볼 수 있다.

　아무리 훌륭한 이론과 설명이 갖추어져 있다고 하더라도 실천하거나 실행되지 않는다면 무의미한 것이며 공염불에 지나지 않는 것이다. 자연을 아끼고 보존하며, 지구 환경을 위한 작은 실천이 탐욕을 털어버리는 두타행자의 삶이 천상으로 올라가는 내생의 보장은 물론 지금 우리가 살아가고 있는 이 자리와 경계를 그대로 정토화淨土化하는 지름길이다.

　탐욕이 무서운 것은 만족할 줄 모르기 때문이다. 아무리 소중하고 커다란 보물을 가졌더라도 그것보다 더 값비싼 것을 탐내는 욕망이 가라앉거나 해소되지 않는다. 탐욕을 그치지 않는다면 세상에서 가치를 가늠할 수 없는 귀중한 것이라고 할지라도 진정한 보물이 될 수는 없다.

진정한 보물은 제후 자한의 말과 같이 탐하지 않는 것이며, 나아가 만족할 줄 아는 지족의 마음가짐에서 비롯된다. 오유지족 吾唯知足, 나는 오로지 만족할 줄 알겠노라고, 우리 모두 만족할 줄 아는 것을 으뜸으로 여길 것을 몸소 실현하고 교훈으로 전해주시기를 온 생애를 걸쳐 매진하고 진력하셨던 큰 스님의 유촉遺囑이 새삼스럽다.

중생견자번뇌멸衆生見者煩惱滅
## 불법佛法을 만났다면
## 일상의 욕심에서 벗어나야지

　　불교, 부처님의 가르침은 물질적인 것이 아니다. 그러므로 불법佛法을 깨닫고 불법을 전해주는 것전법, 傳法은 마음과 정신에서 가능하며 이루어지는 것이다. 오염된 마음을 줄여가고 마음속의 번뇌와 무명을 제거한다면 결국 마음은 선善으로 향하고 선한 마음이 늘어나게 될 것이다. 마음을 선하게 바꾸는 것전환, 轉換이 부처님의 가르침을 올바르게 실천하는 첫걸음이며, 정진精進이다.

　　가피加被를 입었느니, 가호加護를 받았느니 이야기 하지만, 진정한 가피와 가호는 우리의 마음에서 발생하는 것이지 밖으로부터 오는 것이 아니다. 마음속에서 선함이 늘어나 증장되고, 그릇되고 오염된 부분이 줄어들어서 소멸하는 것이 바로 가피와 가호의 의미이다. 가피와 가호는 우리가 닦아야 하는 덕성德性을 강조하는 것이며, 기도하거나 수행하기 이전에는 없었던 선한 덕성을 함양하는 것을 뜻한다. 그러므로 진정한 가피와 가호는 마음의 선함이 강력해지고 악하고 오염된 마음이 약해져서 결국에는 완전히 소멸되어서 마음속에 순전純全한 선이 가득할 때에 비로소 체험하게 되고, 가호를 입게 될 것이다.

악업惡業으로 오염된 마음을 선한 마음으로 전환함에 있어서 넘어야 할 중요한 관문은 번뇌와 집착을 극복하고 자유로워지는 것이다. 번뇌와 집착을 극복하기가 힘겹고 어려운 이유는 태어나기 이전, 시작 없는 시절무시이래, 無始以來부터 우리가 겪고 치러야만 하는 모든 고통과 괴로움이 바로 번뇌와 집착에서 비롯되었기 때문이다. 집착하면 차별하게 되고, 갈등을 야기하고 불러오게 되며, 번뇌와 괴로움이 뒤따르기 마련이다.

중생견자번뇌멸衆生見者煩惱滅, 중생으로서 부처님의 공덕을 보는 사람은 누구든지 모든 번뇌가 저절로 소멸해 버리게 된다. 부처님의 공덕을 본다는 것은 부처님의 깨달음, 부처님의 지혜, 부처님의 자비가 과연 어떠하다는 것을 진정으로 정확하게 이해하는 것을 가리킨다. '법을 보는 사람은 나를 보는 것'이라고 하신 선언宣言과 동일한 경계이다. 법을 본다는 것, 부처님의 공덕을 본다는 것은 불법의 사상과 정신을 철저하게 이해하여 체득하는 것과 다르지 않다.

　　불법의 사상과 정신을 진실하게 진정으로 이해한 사람이라면, 영원불변의 내가 있다는 생각아상, 我相이 추호도 남아 있지 않을 것이다. 아상에서 이미 벗어났다면, 상대방에 대한 집착인 인상人相과 내 편, 우리 편이라는 치우친 견해인 중생상衆生相과 충분한 수명이 남아 있어 죽음은 나와 무관하다고 착각하는 수자상壽者相 등의 인지상정人之常情인 모든 편견과 굴레와 구속에서 해방되고 해탈하게 될 것이다. 사상四相의 산이 무너져 흔적조차 남아 있지 않게 된다면 바로 그 자리에서 '아뇩다라삼먁삼보리'를 증득하게 된다는 것은 경전의 설명으로 충분히 가늠할 수 있다.

　　소욕少欲과 지족知足은 번뇌와 집착을 대치對治하는 전통적인 불교의 지침이며, 욕심을 적게 하고 만족할 줄 안다는 것은 필요하고 요긴한 것만을 소유하여 지나친 과소비에 대응하자는 무소유無所有의 실행과 다르지 않다. 소욕과 지족은 두타행頭陀行으로 일상의 생활에서 실현가능해진다. 두타행이란 의식주의 전반적인 생활 지침으로 12가지가 있으며, 그 가운데에서 대표적으로 분소의糞掃衣와 걸식乞食과 아란야阿蘭若를 열거한다.

　　분소의란 의복에 대한 욕심과 집착에서 벗어나기 위한 실천으로 다른 사람들이 입다가 헤져서 버린 옷들을 수선해서 입는 것이고, 걸식이란 음식에 대한 탐착을 버리고 하심下心과 전법傳法을 구족하는 본연의 공양법이며, 아란야란 적정처寂靜處로 소박하고 조용한 곳에서 선정과 수행에 전념하고 매진하기 위한 조처이다.

《유가사지론瑜伽師地論》에서는 현대적인 해석으로 실현 가능한 두타행을 제시한다. 의복에 대한 탐욕에는 많은 옷을 소유하려는 다의탐多衣貪과 아름답고 비싼 옷을 입으려는 미의탐美衣貪이 있으므로, 많은 옷과 비싼 옷을 추구하지 않는 것으로 분소의를 대신하게 된다.

또한 음식에 대한 집착에는 많이 먹으려고 하는 다식탐多食貪과 산해진미의 뛰어난 미각을 과시하는 미식탐美食貪이 있는데 이것을 버리기 위해 걸식을 수행하는 것이지만, 걸식에 대한 이와 같은 이념을 잊지 않으면서 과식하지 않거나 식도락에 매달리지 않는 것으로도 걸식 두타행을 대체할 수 있다.

마지막으로 거주하는 처소에 관한 집착으로는 웅장한 집에 머물려고 하는 옥개탐屋蓋貪과 좋은 침구와 가구를 사용하려고 하는 와구탐臥具貪을 꼽으면서, 이러한 욕심과 집착을 버려서 없애는 것이 아란야의 두타행과 다르지 않다고 설하고 있다.

오염된 마음을 전환하여 선으로 나아가서 궁극에는 가피와 가호를 능동적으로 체험할 것인가, 그것보다 우선해서 선심善心으로 전환함에 걸림돌이 되는 번뇌와 집착을 떨어내고 소욕과 지족과 무소유를 실천하는 두타의 지침에 입각해서 살아갈 것인가, 그

보다 수승한 근기라면 불법의 사상과 정신의 진정한 이해와 체득을 통해서 모든 번뇌가 저절로 소멸해버리고 마는 경계에 들어설 것인가.

각각의 방편方便과 방도方道가 모두 한 사람 한 사람의 나를 향해 열려 있고 나에게서 시작된다.

불위신연묘법佛威神演妙法
## 귀 기울여보라
## 자연의 소리에도 부처님의 법이 있으니

불위신연묘법佛威神演妙法. 부처님의 위엄과 신비한 능력으로 미묘한 법을 연설한다는 뜻이다. 이는 부처님의 법문이 경전에 실려 있는 설명이나 해설에만 있는 것이 아니라 자연계에 존재하는 모든 사물들이 각각 응분應分의 음성과 소리로 언제나 부처님의 미묘한 진리와 법을 연설한다는 뜻이다.

　이러한 이치를 확연하게 인식認識하는 것은 결국 소리와 음성을 내는 쪽이나 그것을 듣는 상대가 모두 서로의 진솔한 모습과 경계를 읽어내고, 그에 입각하여 부처로 존중하고 공경하는 것으로 구현된다.

즉, 계곡을 흘러가는 물소리, 골짜기를 휘감고 돌아가는 바람 소리, 허공을 날아가는 새소리, 아이들이 재잘대는 소리, 요란한 자동차 소리, 왁자지껄한 도회지의 소음까지 세상에 존재하는 모든 소리들이 자신의 특색과 본분에 상응相應해 미묘한 도리와 진리를 연설하고 있는 것은 그 소리가 곧 묘법이라는 것을 인정하는 존재가 있음으로써 의미와 가치가 확연해지는 것이다.

물소리는 물소리만의 특정한 위엄과 신비한 능력을 품고 있으며, 바람 소리나 새소리 역시 다른 존재가 흉내 낼 수 없는 저마다의 각별한 표상과 맵시를 구현하는 신통력을 지니고 있는 신묘한 대상인 것이다. 그래서 부처의 눈으로는 보이는 모든 것에서 부처의 모습을 찾아내고, 부처의 귀에는 들리는 모든 소리가 여여如如한 진리의 소리로 들리는 것이며, 이런 경지와 경계에 도달해야만 비로소 부처의 지위에 중득하였다고 할 만한 것이다.

불신충만어법계佛身充滿於法界, 부처님이 법계에 가득하다는 것은 절대적인 대상으로서의 부처님이 별도로 존재하여 군림하는 것이 아니라, 세간과 출세간을 막론하고 우주법계의 공간 속에 존재하는 모든 생명들이 불성佛性을 지니고 있으며 그러한 성품이 바탕이 되어서 결국에는 부처의 지위에 오르게 되리라는 것을 인식하자는 뜻이다. 나아가 자연계에 존재하는 일체의 삼라만상이 모두 부처이며, 그러므로 모든 존재와 생명은 서로를 부처로 존중하고 공경해야만 할 것을 가리킨다고 보아야 마땅하다. 이처럼 이미 부처인 모든 존재들이기 때문에 제각각 각별한 위엄과 신통을 구족하고 법계의 구석구석에서 저마다의 몸짓과 언어로 미묘한 법과 진리를 연설하고 있는 것이다.

물소리에 담긴 위엄威嚴과 신통神通이란 물소리만이 낼 수 있기 때문에 신통이며, 물소리만이 드러낼 수 있기 때문에 위엄인 것이다. 위엄과 신통에 의한 물소리는 물소리가 표현하고 연설하고자 하는 법문이며 도리인 것이다. 물론 물소리에서 법문과 도리를 읽어내는 것은 또 다른 부처의 능력이며 안목이다.

물소리와 바람 소리를 비롯한 모든 현상들이 연설하는 불법의 도리와 묘법을 이해하지 못하는 것은, 나의 안목과 시각이 열리지 않은 스스로의 문제인 것이다. 물소리에 담겨 있는 불위신佛威神, 부처로서 위엄과 신통처럼 우리 모두는 저마다가 위엄과 신통인 불성佛性을 내재하고 있는 존재인 것이다.

소질을 개발하여 꾸준한 노력과 수련에 의해서 능력을 완성하고 자신의 분야에서 확고부동한 성과를 이룩함으로써 대가大家의 지위에 오르게 된다. 어린 시절에는 자신의 적성이나 소질을 찾기 위해서 섭렵하기 마련이며, 이러한 과정을 통해서 자신이 무엇을 잘 할 수 있는지 자신이 지니고 있는 특별한 소양이 무엇인지를 알게 된 후에는 남들보다 몇 배로 뼈를 깎는 고통의 시간을 투자함으로써 자신의 적성이나 소질을 비로소 완성하게 되는 것이다. 그것이 운동이거나 음악이거나 혹은 학문이거나를 막론하고 자신이 갖고 있는 소질을 완성하기 위해서는 일련의 노력과 정성과 수련이 수반되어야만 한다.

    우리가 갖고 있는 불성이라는 능력과 자질을 개발하고 수련하고 정진하여 완성하는 단계가 바로 부처인 것이며, 소질과 적성을 개발하고 완성하는 것처럼 아니 그러한 과정에 비교할 수 없을 정도로 더 많은 노력과 정성과 시간을 기울여야만 도달할 수 있는 불자가 지향하는 궁극의 목표인 것이다. 음악가나 운동선수나 학자의 경우에는 보편적인 재능이나 능력이라고 할 수 없지만, 우리가 품고 있는 불성인 자성청정심自性淸淨心은 어떤 생명과 어떤 존재도 갖고 있지 않는 중생이 없는 보편적이고 필수적인 능력이며 소양이다.

    그렇다면 부처로 완성한 존재만이 특별한 능력을 지니고 있는 것이 아니라, 누구라도 간직하고 있는 소질이며 능력을 개발하여 노력하고 정진하는 과정을 거쳐서 궁극적인 단계에까지 도달함으로써 부처의 과위에 오른 것이며, 우리 모두는 그런 가능성을 충분히 갖고 있는 초능력의 존재들인 것이다.

    불성을 부처로 완성하는 과정에서 기념비적인 시간으로 만들기 위해서 어떤 마음과 각오를 다지며 실행할 것인지, 나만의 위엄과 신통으로 진리를 표현하는 방편은 과연 무엇인지를 진지하게 성찰해보자.

불신충만어법계佛身充滿於法界
## 내 곁에 늘 함께 계시는 부처님

부처님의 몸은 법계에 충만하시다.

우리가 불교적인 관심을 기울일 때에 언제 어디에나 부처님의 가르침, 불법佛法이 활발발活潑潑하게 존재하며 펼쳐질 것이며, 바로 그것으로 부처님이 법계에 가득하게 존재하고 계시다는 것이 증명될 것이 아니겠는가.

　　지금 어디에서 무엇을 하고 있는지가 중요한 것으로, 부처님을 그리며 부처님의 가르침을 견문見聞하고 부처님을 수순隨順하는 행동을 실수實修, 실천하며 수행하고 있는지에 부처님의 몸이 나타나고, 나타난 부처님을 친견親見할 수 있는지 가늠할 수 있다.

절에 있거나 법당에 앉아서 법회에 참석하고 있더라도 잡다한 생각만이 머리에 맴돈다면 수미단須彌壇에 정좌하신 부처님과 대면한다고 할 수 없다. 그러나 불가피한 상황으로 절에 오지 못하고 법회에 동참하지 못하였더라도, 법당을 머릿속에 그리며 보리좌菩提座에 오르신 부처님을 간절히 생각하면서 염불하고 기도한다면 바로 자신이 머물고 있는 그 자리가 사찰이며 법당이며 염불당이며 깨달음을 성취한 바로 그 장소인 도량과 다르지 않은 것이다.

이것이 기도와 염불의 참된 실천이다. 머리와 마음으로 그리고 생각하면서 입으로 외우고 몸으로 합장하고 예배하는 것이 신구의身口意 삼업三業을 통틀어서 올리는 기도며 염불이다. 마음이나 머리와 입과 몸을 동시에 실행한다는 것은 신심身心의 각 부분으로 퍼져서 존재하는 모든 세포가 언제나 한결같이 기도하며 염불하는 것으로 간절하고 지극하다는 것과 상통相通된다.

부처가 옆에 있더라도 재물이나 명예나 이득만을 생각한다면 영원히 부처를 볼 수 없다. 천千 분의 부처님이 세상에 출현하시는 세상이라고 하더라도 단 한 분의 부처님도 볼 수 없으며, 따라서 부처님의 가르침을 받아 구제된다는 것을 기약할 수 없고 만다. 부처의 옆에 있거나 혹은 부처님과의 거리가 시간적으로나 공간적으로나 가늠할 수 없는 머나먼 곳이냐가 중요한 것이 아니다. 어디에 있는 것이 중요한 것이 아니라 무슨 생각과 무슨 마음을 갖고 있느냐에 따라서 이미 법계에 충분히 가득 차게 자리를 잡고 나타나 있는 불신佛身을 친견하느냐 그렇지 못하느냐가 달려 있는 것이다.

　매 순간마다 간절한 마음으로 부처님을 생각하고 염불念佛하며 수순하는 사람이라면 마침내 모든 생명과 모든 존재가 부처의 현현顯現이라는 것을 깨닫게 되고 목격하게 된다. 마음을 강조하여, 마음이 곧 부처며, 부처가 곧 마음이며, 마음이 곧 중생이며, 중생이 곧 마음이어서 결국에는 마음과 부처와 중생이 차별이 없다는 심불급중생 시삼무차별心佛及衆生 是三無差別이라는 《화엄경華嚴經》의 설명도 이것을 의미한다. 모든 존재와 모든 생명이 부처라는 것을 깨달아서 부처님이 법계에 충만하시다는 의미를 확연히 인식하게 되는 것이 바로 부처님을 가까운 곳에서 친견하는 것과 다르지 않을 것이다. 매일매일 부처와 함께 잠에 들고, 깨어나고, 생활한다고 깨달음의 경지를 표현한 게송偈頌 역시 모든 존재와 생명이 부처여서 온천지에 불신이 가득하다는 의미를 담고 있는 것이다.

　《마하승지율摩訶僧祗律》에는 부처님을 친견하고자 두 명의 수행자가 도반道伴으로 의지하며 순례의 길에 나선 이야기가 실려 있다.

　먼 길을 가는 도중에 몹시 갈증이 나게 된 수행자들은 가까스로 우물을 발견하게 되었는데, 그 물 속에는 많은 벌레들이 살고 있었다. 한 사람은 벌레들이 다치고 상하게 될 것을 걱정하면서 물을 마시지 못하였고 결국에는 죽고 말았으며, 다른 한 사람은 물을 마시고 무사히 살아나서 부처님을 뵙고 예배드렸다. 예배를 받으신 부처님께서는 이러한 사정을 모두 아시면서도 짐짓 어떻게 도반도 없이 홀로 먼 길을 왔느냐고 물으셨다. 이에 대답하여 이러저러한 경위와 함께 물을 마시지 않은 도반은 갈증을 이겨내지 못하고 결국 죽고 말았지만 자신은 물을 마시고 기력을 되찾아 이렇게 부처님을 친견하게 되었노라고 말씀드렸다.

그러자 부처님께서는 어리석은 사람이라고 꾸짖으시면서 네가 여래如來를 보았다고 하지만 보지 못한 것이며, 죽은 사람은 이미 여래를 본 것과 다르지 않다고 하셨다. 그리하여 부처님과 같은 장소에 있다고 하더라도 모든 존재와 모든 생명을 부처로 섬기는 마음이 없다면 부처님과 멀리 떨어져 있는 것이어서 설령 부처를 보았다고 하더라도 부처는 그 사람을 보지 못하게 되는 것이며, 부처님과 멀리 떨어져 있다고 하더라도 모든 존재와 모든 생명을 부처로 보고 섬기는 마음을 갖추고 있다면 그것이 바로 부처를 친근히 하는 것이어서 여래가 항상 그를 보고 그러한 사람도 역시 부처님을 항상 보는 것이라고 하였다.

불신佛身, 부처님의 몸은 그처럼 온 세상과 모든 천지에 가득하게 존재하고 있는 것이다. 다만 모든 생명과 모든 존재가 여여如如하게 부처라는 진리를 깨닫지 못하고 알아차리지 못하고 있는 탓에 충만充滿되어 있는 불신을 바라보지 못할 뿐이다.

나를 비롯한 많은 이들이 복력福力은 미천하기 그지 없고, 소작所作의 선근善根 또한 한낱 티끌에 불과하다. 그러한 탓에 부처님 가신 지 이미 오래인 아득한 말세의 끄트머리에 태어나 피할 수 없는 숙업宿業으로 고해苦海에 허덕이고 있다. 하지만 머릿속으로는 부처님의 모습을 그리고, 마음속으로는 부처님의 말씀을 새겨서 받들고, 부처님의 행동과 말씀에 수순하고자 하는 마음은 더없이 간절하다.

부처님을 따르겠다는 간절한 마음을 갖고, 모든 존재와 모든 생명들에게 한량없는 자비慈悲로 이익을 주기 위해 실천하고 수행하자. 그것이 바로 언제나 가까이서 부처님을 친견하는 것이다. 부처님도 항상 우리를 지켜보고 계시기 때문에 불신佛身이 법계에 충만하시다는 불신충만어법계의 경구警句를 몸소 실천하고 증명할 수 있으리라 다짐하고 기대한다.

# 02
## 자비를 실천하며
## 열어가는 지혜의 세계

인생오계人生五計, 일년오계一年五計
## 성숙한 삶을 꿈꾼다면
## 다섯 가지 계획을 세워보자

송宋나라 학자 주신중朱新仲은 살아가는 동안 다섯 가지를 계획해야 한다는 의미에서 생계生計, 신계身計, 가계家計, 노계老計, 사계死計 등의 인생오계人生五計를 강조했다.

첫째, 생계生計는 참되게 살아가기 위한 계획으로 먹고 사는 호구지책糊口之策에서부터 타인은 물론 자연과 물질을 배려하고 존중하는 의식을 지녀야 할 것을 의미한다.

둘째, 신계身計는 병고와 부정으로부터 몸을 보전하는 계획으로, 건강한 신체를 유지하기 위한 섭생과 함께 자신의 지위나 권력을 남용하여 부정한 재물을 노리거나 축적하지 않는, 어떤 상황과 경계에 부딪히더라도 떳떳한 의지와 신념을 굽히지 말 것을 가르치는 것이다.

셋째, 가계家計는 집안을 편안하게 꾸려가는 계획으로, 부모님을 정성껏 봉양하고 자식을 올바르게 훈육하는 동시에 배우자에 대한 예의와 배려를 잊지 않으면서 일가친척에 이르기까지 화목한 집안을 이루고자 노력하는 것이다.

넷째, 노계老計는 멋지고 보람된 노후를 준비하는 계획으로, 황혼을 맞이하는 것은 일선에서 한 걸음 뒤로 물러나는 것이 아니라 제2의 인생을 살아간다는 넉넉함과 포용력으로 생계와 가계에 몰두하느라고 밀쳐둘 수밖에 없었던 일이나 계획 등을 실행하여 새로운 삶과 아름다운 인생으로 노년老年을 맞이해야 한다는 것이다.

다섯째, 사계死計는 아름다운 죽음을 맞이하는 계획으로, 사계에는 멸재滅財, 멸원滅怨, 멸채滅債, 멸정滅情, 멸망滅亡의 오멸五滅이 있다. 멸재란 재물에 대한 욕심과 집착을 소멸하는 것이며, 멸원이란 살아가면서 어쩔 수 없이 혹은 부득이하게 다른 사람과 맺었던 원한이나 원망을 없애는 것이다. 멸채란 알게 모르게 다른 사람에게 받았던 물질적인 도움을 모두 갚아 없애는 것이고, 멸정이란 가족이나 친구 등의 사랑하는 사람은 물론 애착하던 물건들까지 자신에게 정들었던 것들과 이별을 준비하는 것이며, 멸망이란 죽음은 단지 종말이거나 끝이기만 한 것이 아니라 죽음 너머에 새로운 세계, 극락이나 천상이 존재한다는 확고한 신념을 잃지 말아야 한다는 것이다.

이러한 인생오계를 '일년오계'로 집약해 설명하자면, 새로운 한 해에는 취업 등을 위해서 어떤 노력을 기울인다거나 혹은 올해는 자산의 관리와 운영을 위한 방법을 어떻게 할 것인가 하는 등의 모색을 궁구하는 것이 생계일 것이다.

다음 신계는 건강을 관리하고 유지하기 위해서 금연이나 금주, 혹은 등산이나 운동 등으로 단련할 것을 계획하는 것과 다르지 않다.

또한 일 년의 가계란 부모님과 자식과 배우자와 형제 등을 위해서 올해는 무엇을 해야 할 것인가를 계획하는 것이다. 회갑이나 칠순을 맞으신 부모님을 위한 행사를 계획하거나 상급학교에 진학하는 자녀에게 해줄 것을 생각한다거나 올해는 문중에 어떠한 대소사가 있으며, 이러저런 행사에 대해서 어떻게 할 것인가 준비하는 것이 모두 해당한다.

노계란 그런 계획을 준비하는 가운데에 세모의 시기를 미리 생각하는 것이다. 시간이 지나고 일 년의 세월이 흐른 시점에서 과연 아무런 후회나 미련 없이 살아왔나, 더 열심히 잘 살았어야 하지 않았을까 하는 생각을 갖지 않도록 항상 최선을 다하면서 성실하게 생활하는 것이다.

사계란 다시 새로운 한 해를 기약하면서 올해 이루지 못한 계획이나 목표에 대해서 다시 한 번 도전하는 의지를 다지는 것이다.

나이를 먹는다는 것은 성장한다는 것이다. 만약 모든 사고와 생각이 20살의 시절에 멈춰 정지되어 있다면 언제나 20살만큼밖에 알 수 없을 것이다. 성장하면서 점점 많은 것을 배우는 것이며, 그것이 바로 나이를 먹는다는 것과 다르지 않다. 지나간 시절과 똑같은 사고방식과 이해를 고집하고 있다면 나이를 먹은 것도 아니고, 성장한 것도 아니며, 연륜을 더한 것도 아니다.

그러므로 지나간 시절의 오계와는 다른 차원의 오계로 새해의 의지와 각오를 다져야 마땅하다. 지나간 생계와 가계가 자신과 가족의 안위와 편안을 추구하는 것이었다면, 이제 새로운 생계와 가계는 그 범위를 더욱 넓혀서 이웃으로, 민족으로, 인류로 그 범위와 지평을 확대해야 할 것이다.

또한 지난 시절의 신계가 나의 건강과 청정을 도모한 것이었다면, 이제 계획하는 신계는 사회 구성원의 보건은 물론 사회 전반적으로 부정부패를 종식하는 데에 일조하리라는 의지를 다져야 할 것이다.

새로운 노계와 사계는 생계와 가계와 신계를 정진하는 것에서 물러서지 않고 항상 성실한 자세로 임하면서, 이러한 수행을 금생今生으로만 끝내지 않고 세세생생世世生生 이어나갈 것을 서원한다면, 나이를 더하고 연륜을 더하며 성장을 멈추지 않는 삶으로 새해의 벅찬 희망과 감동을 맞이하리라는 기대가 산처럼 높고 바다처럼 깊어질 것이다.

### 삼위일체三位一體

**자비는 지혜의 열매이고,
지혜는 자비의 씨앗이며,
자비와 지혜의 거름은 원력이다**

불교 수행의 가장 중요한 덕목이자 필수적인 요건으로 세 가지를 꼽는다면, 자비慈悲와 지혜智慧 그리고 원력願力이다. 이 세 가지 요소를 꽃에 비유하면 자비는 그 아름다움일 것이고, 지혜는 화사하게 빛이 나는 색깔이나 그윽한 향기에 견줄 수 있을 것이며, 원력은 싱싱하고 생생한 생명력과 다르지 않을 것이다.

　사람이 꽃보다 아름답다는 것은 화려한 자태나 미모를 가리키는 것이 아니라, 나보다 남을 먼저 배려하고 존중하는 자비로운 마음을 지녔다는 것을 의미하는 것이다. 그러므로 자비로운 마음을 지니고 표현하지 않는다면 꽃보다 아름답다는 사람의 가치를 드러내지 못하는 일이다. 꽃보다 아름답다는 것은 자비로 증명되며, 자비로움만이 존재의 의미와 이유를 드러내고 확대한다.

《관무량수경觀無量壽經》에서 불심佛心이란 대자비大慈悲이며 무한한 자비심으로 모든 중생을 거두고 살피는 것이 바로 부처님의 마음이라고 설명하는 것과 같이, 자비는 불도 수행상의 근본정신이며 고뇌하는 모든 사람들을 구제하고자 하는 부처의 마음 그 자체이다.

《숫타니파타》의 주註에 의하면 자慈는 즐거움을 주는 것與樂이고, 비悲는 고통을 제거하는 것拔苦, 拔苦이라고 하였다. 《대지도론大智度論》에서도 대자大慈란 모든 중생들에게 즐거움을 주는 것이며, 대비大悲는 모든 중생들의 고통을 제거해주는 것이라고 설명하였다.

피기도 전에 시들어버린 꽃이거나 그윽한 향기를 뿜어내지 않는 꽃이라면 꽃으로서의 진정한 가치를 잃어버리는 것처럼, 사람다운 품위와 인격은 지혜로 완성된다. 지혜는 바로 자기개발이자 자기수련이며, 자기완성과 자아실현의 성취를 위해 부단不斷히 정진하고 노력하는 것을 가리킨다. 평생교육이나 인생교육이라는 것 역시 지혜의 완성을 위한 전반적인 심성心性의 계발과 수련에는 시절이나 시기가 없이 계속되어야 한다는 것을 의미한다.

원력이란 꿈이자 소망이요, 희망이며 소원을 말한다. 꿈과 희망은 활발발活潑潑한 삶의 역동성과 활기참을 낳게 한다. 꿈이나 희망이 없는 삶이란 절망과 좌절로 꺾여버린 무의미하고 참담한 생활을 하루하루 이어나가는 것과 다름없다. 희망차고 활발한 삶을 살아가기 위해서는 반드시 꿈과 소망과 희망을 품고서 이의 실현을 위해 가일층 매진하는 성실한 노력을 기울여야 한다.

자비와 지혜와 원력은 불가분不可分의 관계에 놓여 있으며, 동시에 상호간의 완성을 이루는 데에 근간根幹이 되는 필수적인 조건으로 세 가지가 하나가 되는 삼위일체로 이해되어야 한다.

문·사·수聞思修의 삼혜三慧 가운데 수修는 자비와 원력으로 실현되는 지혜를 의미한다. 만약 지혜가 없다면 자비와 원력은 결코 이루어질 수 없다. 지혜가 자기완성을 추구하는 부단한 정진이라면, 자비는 정진을 통해 이루어진 자기완성을 보편적으로 실천하고 실현하는 방편이다. 실현되지 않는 완성이란 무의미하고 가치를 상실한 것이며, 생명력을 잃은 존재와 같다. 그러므로 지혜는 자비를 통해서 그 가치와 생명을 확대하고 완성한다. 자비의 실천이 없다면 지혜는 영원히 궁극적인 완성을 이룩할 수 없고 만다.

지혜와 자비의 역동적이고 활발한 생명력은 원력으로 이루어진다. 만약 원력이 없다면 지혜와 자비는 활발발活潑潑하고 성성적적惺惺寂寂한 생동감과 활력을 잃게 될 것이다. 원력의 활기찬 기운이 결여된 지혜와 자비는 능동적이고 적극적인 완성과 실현이 아니라 수동적이고 소극적인, 마지못해 시행하는 것이어서 진실하고 참다운 수행이 될 수 없을 것이다. 항상 활기차고 성성한 기운이 넘쳐나는 지혜와 자비를 위해서는 고통과 괴로움에 허덕이는 모든 중생들을 구제하겠노라는 맹세와 서원을 거듭 다지면서 의지와 각오를 새롭게 해야만 한다.

아름다움과 향기와 색깔과 생생함으로 완성되는 꽃처럼, 자비와 지혜와 원력으로 비로소 불자의 수행과 불도가 완성되는 것이다. 무한한 자비로움으로 자아성취를 위한 지혜의 연마를 쉬지 않으면서, 자비와 지혜를 수행하는 궁극적인 목표인 원력을 가슴에 새기면서 유념하는 자세가 바로 불교의 삼위일체를 확실하게 인식하고 실현하는 것인 동시에 꽃보다 아름다운 사람이라는 것을 증명하는 것이다.

보살의 화신으로
## 맑고 향기로운 꽃을 피우는 보살심과 보살행

삶에서 치러야만 하는 고통은 고苦와 무상無常과 무아無我의 세 가지 측면으로 고찰할 수 있다.

'고'란 사고四苦, 팔고八苦 등에서 가리키는 고통, 즉 통상적으로 거론하고 실제로 삶에서 겪고 치르며 경험하는 모든 괴로움이다. '무상'이란 변화함으로써 겪게 되는 무상하고 덧없다는 고통제행무상, 諸行無常이며, '무아'란 모든 존재는 정확한 실체가 없다는 고통제법무아, 諸法無我이다.

생로병사生老病死의 사고四苦에 애별리고愛別離苦\*, 원증회고怨憎會

---

\*  사랑하는 사람과 이별하여 만나지 못하는 고통과 괴로움을 애별리고라고 한다.

苦**, 구부득고求不得苦***, 오음성고五陰盛苦****까지를 포함하는 팔고八苦
는 누구든지 고통스럽고 괴롭다고 인정하는 경험이다.

　　무상함으로써 경험하는 고통이란 변화하는 고통으로 존재
에 관한 시간적인 고찰로 행고行苦이다. 모든 것은 흘러가며, 영원한
것이 없으며, 일체는 천류遷流된다는 뜻의 존재의 무상함을 표현하
는 것으로, 불안不安의 개념이다.

　　지금은 건강하지만 언젠가 병들지 않을 수 없으며, 늙지 않
을 수 없으며, 죽지 않을 수 없다고 예측하는 불안함과 애정이나 감
정 또한 보장할 수 없다는 불안에서 애착과 집착의 미망迷妄을 벗어
나지 못하게 되는 것이다.


　　모든 존재는 실체적인 자아, 즉 불변하는 본체가 없으며, 그
럼으로써 고통이고 괴로움이라는 것은 존재에 대한 공간적인 분석
이며 고찰이다. 무상한 존재는 결국 무아일 수밖에 없다. 다시 말해
서 영원할 수 없는 존재에게 변하지 않는 본체나 본성이나 본질이
있을 수 없기 때문이다.

　　이렇게 고통만을 설명하는 것에서 그치지 않고, 고통의 소

---

\*\*　원망하고 증오하는 사람과 피치 못하게 만날 수밖에 없는 고통을 원증회고라고 한다.
\*\*\*　구하거나 찾는 것을 얻거나 손에 넣지 못해서 괴로운 것을 구부득고라고 한다.
\*\*\*\*　오음이란 색수상행식(色受想行識)으로 이루어진 육신, 몸을 가리킨다. 몸을 유지하고 가꾸기
　　위해서 애써야 하기 때문에 오음성고라고 한다. 잠을 자고, 밥을 먹고, 씻고, 옷을 입고, 화장
　　하고, 꾸미는 모든 행위들은 몸에서 비롯되는 것이다. 육체는 슬픈 것이다. 또는 질풍노도의
　　시기라는 말은 오음성고를 대변하고 상징하는 것이다.

멸인 열반과 해탈을 강조하고 제시한 것 열반적정 涅槃寂靜이 불교의 특별함이며, 위대함이며 수승함이다. 고통의 바다 속에 침잠하여 구제될 기약이나 대책이 없어 막연하기만 한 우리들에게 고통에서 벗어나 행복과 안락을 누리고 만끽하는 참된 삶으로의 방향과 지침을 제시하고 가르치기 위해서 부처님의 화신으로 우리와 똑같은 모습으로 오신 것이다.

번뇌가 소멸되었으므로 열반涅槃 적멸寂滅 적정寂靜이며, 번뇌를 해결하고 집착에서 벗어났으므로 해탈이며, 번뇌와 집착을 뛰어넘은 순간부터 고통과 괴로움의 삶에서 최상의 행복과 참된 안락과 평온의 삶으로 전환되는 것이다. 고통에서 벗어나 행복을 누리자는 것이 부처님의 한결같은 법문이며 가르침이다.

모든 생명과 존재에게 필연적인 고통의 굴레 속에서 열반적정의 해탈을 본보기로 시현함으로써 깨달음의 화신, 부처의 화신, 화신불이라는 칭호로 2,500여 년이 넘도록 시간과 공간을 초월한 존재로 불자와 인류가 지심至心으로 귀의하는 존재, 석가모니 부처님께서 태어나신 탄신일을 맞이하며, 우리는 과연 무엇의 화신으로 자신을 칭할 수 있을 것인지, 남들이 나를 일컬을 것인지 점검하고 돌아본다면 보다 뜻 깊고 소중한 불탄일을 맞게 될 것이다.

미덕의 화신인지, 정열의 화신인지, 분노의 화신인지, 자비의 화신이지, 인욕의 화신인지, 과연 어떤 호칭을 내 이름 앞에 붙일 수 있을 것인가를 가늠해보자.

부처님을 수순하는 불자라면 적어도 보살의 화신은 되어야 마땅하다. 그것이 바로 불자의 의무이자 소임이며, 불자로서의 정체를 확립하는 정도이기 때문이다.

보살의 화신이 되기 위해서는 보살의 행동, 보살행의 실천이 선행되어야만 한다. 고통 속에서 해탈과 열반을 성취하는 것은 부처님의 행동이자 깨달음이다. 반면에 고통 속에서 해탈과 열반을 성취하는 것을 잠시 미루더라도 신음하며 괴로워하는 중생들을 향한 자애로운 마음대자심 大慈心과 측은한 마음과 애통한 마음대비심 大悲心을 거두지 않는 것이 바로 보살의 마음, 자비심慈悲心이다.

자비심의 대표적인 행동과 표출은 보시布施이다. 중생을 향한 자비심의 행동은 보시로 드러나고 확실해진다. 육바라밀六波羅蜜과 사섭법四攝法 등의 모든 보살행에서 보시를 첫 번째로 강조하는 것도 자비가 곧 보살행을 상징하기 때문이다. 행동하지 않는 양심과 도덕이 무의미한 것과 같이, 보시로 표현되지 않는 자비는 그 생명력을 잃은 것이다. 무소유의 화신, 법정 스님께서 주창하신 '맑고 향기롭게'도 보시로 표현하는 자비를 뜻하는 것과 다르지 않다.

사월 초파일, 열반과 해탈을 증득하여 고통과 괴로움의 삶에서 수승한 행복과 안락을 만끽하는 삶으로 전환하는 방도方道를 가르치고 인도하신 부처님의 탄신일을 맞이하면서, 부처님의 탄신을 경축하고 부처님의 깨달음과 수행을 수희隨喜하고 수순隨順하는 불자로서 보살의 화신이라는 호칭에 어울리는 보살행, 자비심, 보시행을 실천하고 다짐하고 원력을 맹세하는 도량과 법석法席이 된다면 그 어느 해보다도 더 기쁘고 귀하고 환희로운 초파일을 펼칠 수 있으리라 기대한다.

무한감인無限堪忍의 능력
## 무한감인을 증명하는 힘
동사섭同事攝

지진이나 해일 등 재난과 재해에 속수무책으로 참사를 치러내고 있는 지구와 인류를 보고 있자면 참담한 심정과 함께 오로지 참고 견뎌야 하는 '감인堪忍의 땅'이라는 말이 얼마나 적절한지 새삼 놀라움을 금할 수 없다.

재난과 재해를 무릅쓰면서도 나보다 남을 먼저 배려하면서 자신을 희생하는 보살의 모습과 일면식도 없는 외지인外地人들이 물심양면의 격려와 온정으로 용기를 돋워주는 인류애의 찬란한 모습에서 이겨내지 못할 재난과 재해를 인정하지 않는 무한한 능력과 도전하는 정신이 바로 감인의 땅에 태어난 우리의 의지이며 숙명

일 것이라고 감인에 대처하는 의식의 반전을 품게 된다.
　감인에 대처하는 의지와 자세가 바로 이것이며, 이러한 배려와 자비가 남아있는 한 인류와 생명이 감인하지 못하고 재난과 재해에 굴복하게 되는 일은 영원히 없을 것이다.
　재난과 재해에 견디고 참아낼 수 있는 능력이 무한적으로 내재되어 있는 존재가 바로 감인의 땅에 사는 우리의 소양이며, 사바에 존재할 수 있는 기본적인 조건이다. 아미타불의 극락에 태어날 만한 선근과 공덕이 갖추어져야만 서방정토에 왕생하는 것과 같은 맥락이다. 그러므로 윤회하는 삶 속에서 고통과 무수한 괴로움을 담금질함으로써 견디고 이겨낼 수 있는 재능과 능력을 개발하고 축적하여 충분히 잠재하고 있는 중생들이 태어나고 살아가는 세계가 바로 사바인 것이다.
　또한 이러한 재능과 능력은 서로 돕고 의지하며 보듬고 함께하는 동사섭同事攝의 수행으로 확대되고 굳건해진다. 홀로는 존재할 수 없기 때문이다. 사람 인人의 글자도 이러한 의미를 형상화한 것이며, 연기와 인연의 도리 또한 연관과 관계 등의 불교적인 표현이다.


　감인, 우리의 능력으로 견디어 내지 못할 시련이 있을 수 없으며 또한 참아낼 수 없는 고통이란 존재하지 않는다. 사바에 널리 퍼져 있는 시련과 고통을 견디고 참아낼 수 있는 무한능력의 소유자가 바로 우리들이다. 그런 의미에서 우리는 모두 인욕보살의 지위에 이미 올라있거나 혹은 그 위상을 목표로 지향하고 추구하는 과정을 지나고 있는 두 가지 가운데 하나일 것이다. 인욕을 강조하는 이유와 까닭이 바로 여기에 있다.

조계종의 소의경전(所依經典)인 《금강경》을 위시로 모든 경전에서는 아상(我相)이 없다면 신체에 가해지는 어떠한 물리적 폭력이나 상해에도 성내는 마음이 없게 되고, 이것이야말로 진정한 인욕 행자의 면모라고 강력하게 설명한다.

무아상(無我相)이란 아상이라는 경계를 무한정으로 확장하고 확대할 것을 의미한다. 배타적인 아상이 아니라 보편적인 아상으로 무한능력의 소유자가 나이며, 나만 잘났다는 아상이 없는 것이 무아상이 아니라 모든 존재 모든 생명이 동일하게 잘났다는 아상을 무한정으로 끝없이 확대하는 것이 진정한 무아상의 개념이다. 그러므로 무아상이란 모두가 소중하고 모두가 귀중하다는 것을 강조하는 반전의 설명인 것이다.

인욕의 본질 또한 내면적으로는 하심과 겸손이며, 대외적으로 드러나고 표출되는 측면으로는 존중과 배려라고 할 수 있다. 따라서 견디고 참아내는, 감인을 위한 필수적인 요건이 바로 겸손과 하심 그리고 존중과 배려라는 것을 잊지 말고 명심해야만 한다.

실패 없는 청춘이 없고 상처 없는 영혼이 없다는 외침은 시련과 고통을 견디고 참아내는 것처럼 실패와 상처도 받아들여야 한다는 주장이다. 실패에 꺾이지 않는 불굴의 의지와 도전하는 정신이 있기 때문에 아름답고 찬란한 청춘이다. 상처를 두려워하지 않고 상실에도 포기하지 않는 너그럽고 자애로운 마음으로 유연하게 섭수하는 손길을 넓혀갈 때에 위기와 시련에 얽히지 않는 자유로움과 안락이 비로소 가능하게 되기 때문이다.

시련과 고통쯤은 나와 우리의 능력으로 충분히 이겨낼 수 있으므로, 결코 시련이나 고통이 나의 인생과 나의 삶과 철학을 좌지우지 하도록 내버려 두거나 내버려 둘 수 없으며 내버려 두어서도 안 되는 문제라는 것을 인정하고 알아야 한다.
고난이 거세고 고통이 견딜 수 없게 힘들더라도 굴하지 않으면서 견디고 참아내는 능력을 발휘하여 꿋꿋하게 추슬러 다시 일어서야만 하는 것은, 우리는 모두 고통과 고난 정도로 포기해 버리거나 나아가 고통과 고난과는 감히 비교할 수조차 없이 소중하고 귀중한 존재이기 때문이다.

무한도전의 불굴의 의지를 품고 있으면서도 누구에게나 겸손하며 배려하고 언제든지 하심으로 존중하는 무한능력의 보리菩提를 품고 있는 소중하고 귀중하고 존귀한 존재가 바로 나 자신이다. 왜냐하면 모든 인류와 모든 존재와 모든 생명이 나와 한 치의 어긋남도 없이 동일하게 소중하고 귀중하고 존귀하기 때문이다. 이것이 바로 겸손과 하심, 존중과 배려로 감인을 극복하는 인욕행자의 자세이다.

　재난의 강도와 참혹한 시련이 거세지면 거세지는 만큼 더욱 더 감인의 능력을 키우고 발휘하는 것으로 재해에 대비하고 대처해야 하며, 힘들고 지쳐서 위로받는 입장에서는 다시 살아가야겠다는 용기를 일으키고 위로하는 쪽에서는 살아가는 보람을 느끼고 확인하는 동사섭의 보살행이 바로 감인의 능력을 장양長養하고 발휘하는 방책方策일 것이다.

### 비문무량등중생悲門無量等衆生
### 중생과 동등하게
### 중생을 평등하게

단언컨대 불교는 자비의 종교이며, 자비의 문중이다. 부언하면 불교는 지혜와 자비의 가르침이다. 지혜를 통한 자비의 구현이 궁극적인 목표이기 때문이다. 자비로 표현되거나 실행되지 않는 지혜는 이미 본연의 의미와 가치와 광명光明을 상실한 사장死藏되거나 명목뿐인 허울이거나 한낱 단어에 지나지 않는다.

    불교를 대변하는 자비는 아무리 강조하거나 되풀이하더라도 오히려 부족하기 때문에, 한계가 없는 무한하고 한량이 없는 무량無量한 자비의 설명과 자비의 실행이 이루어지는 것이다.
    자비는 자애로운 마음과 비통해 하는 마음으로, 실제적인 행동에서는 보시와 이행利行, 애어愛語와 동사同事 등의 사섭법四攝法*으로 우러나오고 드러난다.

비문무량등중생悲門無量等衆生하는 가르침에서는 자비 가운데에서 고통과 아픔에 괴로워하고 힘겨워하는 중생의 처지를 불쌍하게 여기고 안타까워하면서 같이 슬퍼하는 비통한 마음悲을 강조하는 것이다. 맹자孟子가 주장한 사단四端** 중에서는 측은지심惻隱之心의 설명과 상통한다.

이러한 마음이 시간적으로나 공간적으로나 모두 한량이 없어서 중생과 동등하게 한다는 것은, 고통 받고 아파하는 중생과 동일한 고통과 아픔을 느낌으로써 중생의 고통을 덜어주고 나아가서는 고통에서 건져내어 구제救濟하고 제도濟度하는 것으로 비문悲門의 궁극적인 목적에 도달하게 된다.

중생의 고통과 아픔을 똑같이 느낀다는 등중생等衆生의 의미를 다시 확대하고 확장하면 비통해하고 안타까워하는 마음을 모든 중생들에게까지 평등하게 갖고 대한다고 이해할 수 있다. 이것은 존재하는 모든 생명들을 분별하거나 차별하거나 포기하지 않고 똑

---

* 중생을 불법(佛法)에 끌어들이기 위한 보살의 네 가지 행위. ①보시(布施). 부처의 가르침이나 재물을 베풂. ②애어(愛語). 부드럽고 온화하게 말함. ③이행(利行). 남을 이롭게 함. ④동사(同事). 서로 협력하고 고락을 같이함.
** 유교의 주장의 하나. 맹자에 의하면 인간의 신체에 네 개의 수족이 있듯이, 마음속에도 측은지심(惻隱之心), 수오지심(羞惡之心), 사양지심(辭讓之心), 시비지심(是非之心), 네 가지가 본래적으로 구비되어서, 이들 네 가지의 싹[사단(四端)]을 각각 인(仁), 의(義), 예(禮), 지(智)라는 완전한 덕으로 소중히 키워야 한다고 하였다.

같은 마음으로 평등하게 이해하고 섭수攝受하는 것으로, 사무량심捨無量心이며 중도中道의 마음과 다르지 않다.

나의 권속이거나 나와 가까운 사람이라거나 혹은 학연이나 지연으로 연결되었거나, 종교가 같다거나 사상思想이 같다거나, 내 마음에 든다거나, 혹은 장애가 있고 없음 등으로 분별하거나 차별하지 않는 것은 물론 어떤 조건이나 상황에도 추호의 상관없이 생명을 지닌 존엄한 존재라는 절대적인 요건만으로 그와 똑같이 등중생하여 그가 필요한 대로, 그가 요구하는 대로 똑같이 해주는 것이다. 분별하여 차별하거나 포기한다면 이미 등중생의 조건에 어긋나는 것이며, 등중생을 올바르게 이해하지 못하는 처사가 분명하다.

평등과 동등이라는 등중생의 관점에 입각하면 세상은 존재하는 그대로 어울림의 마당이며 조화로운 도량이며 화장장엄華藏莊嚴의 세계이다. 꽃은 꽃대로, 나무는 나무 그대로, 바위는 바위 그 자체로, 풀잎은 풀잎 그대로, 바람은 바람 그 자체로 가감加減이나 장식의 단계를 거칠 필요 없이 모두가 옳고 수승하며 뛰어나고 훌륭한 존재이고 결국에는 꼴등도 일등도 누가 더 중요하다고 할 것이 없이 동등한 소임을 수행하는 것이다.

이런 이치를 터득하면 꼴찌도 없고, 따라서 일등도 없어서 꼴등이거나 일등이거나를 막론하고 어느 것 하나 내치거나 필요하지 않다고 버릴 것이 없이 화장장엄의 세계를 구성하는 데에 반드시 필요한 귀중한 존재이며, 균형과 조화를 실현하고 가능하게 하는 막중한 요건이라는 것을 인식하게 될 것이다.

 모든 존재마다 각자가 처한 처지에서 각자가 치러내고 있는 쓰라린 아픔을 고스란히 자기의 것으로 받아들이는 등중생, 뭇 생명과의 동등을 실천하고 이러한 등중생의 동사섭同事攝을 존재하는 모든 생명에게 두루 일체의 분별과 차별을 두지 않는 평등으로의 등중생을 무한정으로 확대하여 넓혀가기 위해서는 구절의 서두에서 밝히는 것처럼 비문悲門이 무량無量한 마음을 갖추어야 한다.

 안타까워하고, 불쌍히 여기며 측은해 하다가, 연민을 넘어서 비통해 하는 마음을 세세생생의 영원까지 모든 대상에게로 확장시켜 보편성을 확고하게 하기 위해서는 생명과 존재를 향한 끝없는 관심과 함께 편견이나 사사로운 견해가 개입되지 않는 순수한 이해로 바라보아야만 하는 것이 요건이다. 무관심과 편견을 버리고 벗어나야만 하는 이유가 바로 여기에 있다. 나와 아무런 상관이나 이해관계가 없는 존재라고 무관심하거나, 나의 소견이나 견해의 잣대로 자신의 정당성만을 주장하고 고집한다면 등중생의 동등과 평등은커녕 호극毫隙만큼의 비문悲門도 기대할 수 없을 것이기 때문이다. 그러므로 무량한 비문으로 중생에게 다가가기 위해서는 너그러운 관용의 자세와 함께 유연한 사고로 고집과 편견을 극복해야만 하는 것이다.

같은 시대, 같은 공간에서 함께 살아가는 모든 존재에게 주의와 관심을 기울이고, 모든 존재의 모습과 처지 그대로 인정하고 이해하는 것으로 동등한 동사섭과 보편적인 평등으로의 등중생을 지향하는 첫걸음을 지금 당장 내딛어 보자.

**동체대비**同體大悲

## 당신이 아프면, 나도 아프다

일체중생이 병들어 나도 병들었으니, 만일 일체중생의 병이 없어진다면 나의 병도 없어질 것이다. 왜냐하면 보살은 중생을 위해 생사에 들어가는 것이며, 생사가 있다면 병이 있는 것이니, 만일 중생이 병을 여의면 보살도 병이 없을 것이다.

비유하자면 어떤 장자가 외아들을 두었는데 그 아들이 병에 걸리면 부모도 아들을 따라서 병에 걸리고 아들의 병이 나으면 부모의 병도 낫는 것처럼, 보살도 그와 같아서 고통과 아픔에 허덕이는 모든 중생들을 사랑하기를 아들과 같이 하므로 중생이 병들면 보살도 병들고, 중생의 병이 나으면 보살의 병도 낫는 것이다. 그러므로 보살의 병은 대비심大悲心

으로 인해서 생기는 것이다.

유마힐 거사가 문병을 다녀오라는 위임을 받고 찾아온 세존의 제자들을 향해서 제일성第一聲으로 외친 '유마힐의 선언'은 중생을 살피는 보살의 각오와 자세를 제시하는 동시에 대승불교의 진수를 함축하고 대변하는 명제가 아닐 수 없다.

　　한량없는 중생에게 즐거움을 주려는 마음, 어떤 사람이 좋은 일을 하는 것을 보면 자기 일처럼 기뻐하는 마음을 자애로운 마음, '자심慈心'이라 하고, 남의 고통을 덜어 주려는 마음, 어떤 사람이 나쁜 일을 당하거나 몹쓸 병고에 시달린다면 그것을 나의 일처럼 가슴 아파하면서 그것을 없애주려는 마음, 비통한 마음으로 측은히 여기는 것을 '비심悲心'이라 한다.
　　이러한 비심을 부모나 원수의 차별 없이, 선량한 사람이나 악독한 사람에게 골고루 평등하게 무조건적으로 펼치는 것이 바로 '대비심'이다. 중생이 불행하다면 나 혼자 행복할 수 없다는 것이 대비심을 갖춘 보살의 자세이다. 중생에게 모든 병고가 없어질 때에 보살은 건강을 회복할 수 있으며, 불행한 중생이 존재하지 않게 되어서 모든 중생이 행복한 삶을 살아갈 때에 보살 또한 행복할 수 있다는 것이 보살의 신념이다.

　　병고에 시달리는 중생을 보면 아들의 병을 함께 아파하는 아버지와 같은 마음으로 중생의 고통을 함께 아파하고, 불행에 처한 중생을 보면 안타까운 마음으로 불행을 나누는 것이 바로 동체대비同體大悲인 것이다. 그러므로 병고에 시달리거나 불행에 힘들어하는 중생이 계속되는 한 보살의 신음과 고통은 깊어질 수밖에 없는 것이다.

보살이 만약 고통과 불행에 힘겨워 하는 중생을 만나지 못한다면 안타까워하는 마음을 낼 인연이 없게 되고, 안타까운 마음을 내지 못한다면 두려움을 없애주는 보시 무외시보시, 無畏施布施의 마음을 일으키지 못하게 된다. 무외시를 보시하는 인연으로 모든 중생들을 편안하게 하고 행복하게 하는 것이다. 이렇게 보시를 하면서도 마음이 어디에 걸리지 않고, 탐착하는 마음을 내지 않는다면 반드시 바른 깨달음정각, 正覺을 이루게 될 것이다.


보살의 환희행歡喜行이란 평등한 마음으로 모든 것을 남김없이 모든 중생들에게 널리 베푸는 것이며, 베풀고 나서는 뉘우치거나 아까워하거나 대가를 바라거나 명예를 구하거나 자기 이익을 바라지 않으면서 다만 모든 중생을 구제하고 이롭게 하려는 것이다. 모든 부처님의 행을 배우고 생각하며 좋아하고 몸소 실천하며 다른 이들을 가르쳐서 그들로 하여금 괴로움과 고통을 떠나 즐거움과 행복을 얻게 하려는 것이다.

가난한 이웃을 보면 보살은 곧 보시하여 그를 즐겁고 만족하게 한다. 한량없이 많은 중생들이 와서 자신들의 고통과 가난을 호소하며 도움을 청하더라도 보살은 조금이라도 싫어하거나 귀찮게 여기지 않고 더욱 자비하고 즐거운 마음으로, 이들은 나의 복전福田이며 나의 선지식善知識이라고 여기면서 찾지도 않고 청하지 않았는데 스스로 나에게 와서 나로 하여금 바른 법정법, 正法에 들어가게 한다고 귀하게 여기는 것이다.

고통과 불행 속에서 근심하고 괴로워하는 중생을 복전이자 선지식으로 여기고 섬기면서, 비통한 마음과 애절한 심정으로 아픔과 고통을 함께 하면서 불행한 중생이 있는 한 행복을 바라지 않고, 아픈 중생이 있는 한 병고의 쓰라림을 외면하지 않는 것이 보살의 사명일 것이다.

혹독한 시련에 허덕이는 지구촌 곳곳의 참상을 바라보면서, 공간적으로나 시간적으로나 아무런 상관없는 일이라고 돌리지 않고 국제적이고 전 인류적인 구호와 복구의 손길을 아끼지 않는 대처와 노력이 바로 보살도의 구현이며 보살행의 실천일 것이다.

비통한 마음을 지닌 보살을 절실하게 요구하는 지금, 이곳이 바로 보살의 도량[道場]이다. 이곳을 장엄하는 보살의 도량度量에 따라서 세간과 국토가 결정되고, 보살의 도량은 중생을 동체대비하는 비통한 마음에서 비롯된다.

## Buddhist oblige_무연대자無緣大慈 동체대비同體大悲
### 나와 아무런 상관 없는 어느 누군가도
### 나와 같을지니

불교의 본바탕이 되는 사상을 한마디로 꼽아보자면 자비慈悲라고 해야 마땅하다. 불교는 자비의 종교이며, 자비의 구현을 통해서 지혜, 깨달음에 이르게 되고, 동시에 자신의 지혜와 깨달음을 표출하고 드러내는 것이 바로 자비의 방편을 통해서 실현된다. 그러므로 깨달음과 자비를 별도로 분리해서 생각하는 것은 불가능하다.

    깨달음의 사회화, 즉 깨달음을 사회로 구현하고 전개하는 것이 바로 자비이기 때문이다. 자비로 드러나지 않고 사회화되지 않는 깨달음이란 진정한 깨달음이라고 할 수 없다. 우물 속의 개구리에 지나지 않기 때문이다.

무연대자와 동체대비야말로 자비의 의미와 뜻을 온전하게 함축하여 담아내는 소중한 설명이다. 무연대자는 자비로 섭수하는 대상을 무변無邊하게 넓혀야 한다는 것을 강조하기 위한 것이고, 동체대비란 자비를 실행하는 마음가짐과 태도에 대한 강령綱領에 초점을 맞춘 것이다.

무연대자, 연관이 없는 존재, 나와 아무런 연고나 반연攀緣이 없는 존재와 생명들에게까지 자애로움과 따뜻한 마음을 전하고 표현하고 드러내는 것이야말로 자비 가운데에 가장 커다랗고 넓고 대단한 자비, 대자비大慈悲인 것이다.

연관이 없다는 것은 혈연血緣, 학연學緣, 지연地緣은 물론 소견, 사상, 종교 등등으로 얽히거나 공유되는 것이 없는 무관한 상대라는 의미이다. 가족이라는 이유에서, 나와 가깝고 친한 사이라는 이유에서, 같은 학교 출신이거나, 고향이나 연고지가 같다는 이유에서 상대에게 호감과 애정을 갖고 도움을 주고받거나 자애로운 마음으로 따뜻하게 품는 것은 자비가 아니라 애착에 가까운 애정에 지나지 않는다. 자비란 무연자비여야 한다. 무연자비라야만 자비의 진정한 의미에 합당한 것이다. 그러므로 자비의 중심은 애착에 준하는 애정이 아니라 모든 존재와 모든 생명을 향한 무한한 자애로움의 애정인 것이다.

무연이란 친밀함親과 낯설고 생소함疏을 구분하지 않는 무분별의 경지를 가리킨다. 구분하고 분별하게 되면 곧바로 차별差別이 비롯되기 마련인 것이다.

나의 자식만 사랑하는 의식의 실상實相은 애착인 애정이며 사랑이다. 나의 자식과 동등하게 모든 아이들을 사랑하고 보듬어 살펴주는 것이 자애로운 애정이며 자비이다. 내 가족, 자식만의 행복과 내 자식의 합격만을 기원하는 것은 보살의 올바른 자세가 아니다. 진정한 불자라면, 진정한 자비라면 모든 존재의 행복과 모든 수험생들의 합격을 기원하고 기도하는 것이 당연한 것이다.

동체대비는 자비를 실행할 때에 어떠한 마음가짐과 태도로 임해야 할 것인가에 초점을 맞추어 설명하는 것이다.

무연대자가 자애로움과 애정과 사랑으로 안락과 편안함과 이익을 주려는 보살행이라면 동체대비란 모든 존재와 모든 생명이 치러 내거나 겪고 있는 시련과 아픔에 대해서 동일한 강도와 느낌으로 함께 아파하면서 궁극에는 고통과 아픔을 이겨내고 극복할 수 있도록 도와주고 격려해주고 위로해 주는 것을 말한다.

자비란 깨달음을 성취하기 위해서 반드시 구비되어야만 하는 절대적이고 필수적인 요건인 동시에 깨달으려는 목적 그 자체이며 또한 깨달음을 환원하는 덕목인 것이다. 다시 말해서 깨달음의 과정이자 구경究竟이며 회향廻向이 모두 자비인 것이다.

무연대자와 동체대비란 모든 생명과 존재를 향한 평등과 동등을 의미한다.

무연대자란 자비로 보듬고 섭수해야 하는 대상을 인연 맺은 존재로 한정할 것이 아니라, 아무런 연관도 인연도 없는 생면부지의 존재와 생명에게까지 그 대상과 범위를 무한정으로 확대하고 넓혀야만 한다는 지침이다.

　　동체대비란 무연의 자비로 섭수하는 무량하고 보편적인 존재들 각각의 고충과 아픔을 각별하게 이해하고 인정함으로써 똑같이 괴로워하고 아파하면서 고통을 나누고 힘과 의지가 되어주는 무외시無畏施의 관점에서 보시를 논하는 것이다.

　　무연의 대상에게 동체라는 각오로 섭수攝受해야만 진정한 자비眞慈悲이며, 위대한 자비大慈悲이며, 최상의 자비無上慈悲이며, '불자의 의무Buddhist oblige'라는 덕목德目의 실천을 위해 힘써 나아가는 것이다.

세간소유중복해世間所有衆福海
## 세상에는 복 지을 일이 참 많다

'세간소유중복해世間所有衆福海'.
《화엄경華嚴經》〈세주묘엄품世主妙嚴品〉 가운데에서 견고행묘장엄아수라왕堅固行妙莊嚴阿修羅王이 불법을 증득하고서 부처님의 위신력을 찬탄하는 게송 가운데 한 구절로, '세간에 존재하는 모든 일들이 곧 복전의 바다'라는 의미이다.

우리가 살고 있는 곳을 사바세계娑婆世界라고 한다. 사바란 감인堪忍, 견디고 인내하는 장소를 말한다. 혀를 뽑아내거나 혹은 칼날로 찌르거나 혹은 몽둥이로 사정없이 내리치거나 등등 도저히 감당하지 못하는 고통을 끝없는 무간無間으로 치러내면서 일일일야

日一夜에 만사만생萬死萬生 하는 악도惡道가 지옥이라면, 감인의 땅 사바에서는 집착과 욕심으로 빚어진 고통과 갈증을 끝없이 견디고 참아야만 한다. 그렇지만 이렇게 견디고 인내할 수밖에 없는 곳이라고 보는 관점은 중생의 입장에서 비롯되는 것일 뿐이다.

　　부처님과 보살의 경지에서 사바의 세간은 무수한 복福, 바다처럼 무량한 복을 심고 짓고 일구어 낼 수 있는 무한한 가능성이 넘쳐나는 공간이다. 다시 말해서 우리가 살고 있는 이 사바세계를 불보살님들은 복을 짓기 좋은 곳, 복을 지을 수 있는 대상이나 환경이 아주 적합하고 적당한 곳이라고 본다는 말이다. 부처님이 사바에 오셔서 깨달음을 성취하시고 중생들을 제도하신 것, 그것으로 사바의 무한한 가능성을 미루어 짐작할 수 있다.

　　고통에서 허덕이는 중생들을 구제하는 것이야말로 불보살의 최승最勝한 복이며 원력이다. 부처님을 따르며 부처님처럼 되고자 불교를 믿고 수행한다면, 부처님과 같은 시각으로 사바를 바라보아야 한다. 그렇다면 우리에게도 무수하게 많은 복을 지을 수 있는 대상과 환경이 보이고 열릴 것이다. 복전의 바다가 바로 우리가 지금 살아가고 있는 이곳이기 때문이다.

　　《유마경維摩經》에서 광엄동자光嚴童子가 길을 지나가다가 마주친 유마거사에게 공손히 예를 올리고서 어디에서 오시는 것인가를 묻자 유마거사는 도량道場에서 온다고 대답하였다. 그러자 다시 동자는 도량이란 과연 어떤 곳인가를 물었고, 유마거사는 중생이 곧 도량이라고 대답하였다. 도(道)가 이루어지는 장소이며, 도를 닦는 장소라고 도량을 설명한 것도 이와 다르지 않다.

아침에 일어나는 순간부터, 집에서 나오는 순간부터, 머물거나 지나치는 처처(處處)에서 시시각각으로 모두 복을 지을 수 있는 도량이 바로 사바세계이다. 복을 짓는 방법으로는 나보다 바쁜 사람에게 양보하는 것, 무거운 짐을 들어주는 것, 마주치는 사람들에게 환한 얼굴로 인사하는 것, 심난하고 괴로워하는 고민을 들어주는 것, 목마른 사람에게 시원한 물을 권하는 것 등등 헤아릴 수 없이 많다. 타인을 배려하고, 타인을 짓누르는 부담이나 짐을 내가 대신해서 짊어지는 것이 바로 복전(福田)이며 도량이다.

《관음경(觀音經)》을 독송하다보면 관음보살을 염불하는 것은 나의 마음 안에 갖추어져 있지만 아직껏 잠자고 있는 자비심을 일깨우는 것과 다르지 않다는 것을 알게 된다. 그리하여 불구덩이에 빠진 중생을 보면 내 자신이 관음보살이 되어서 불을 끄고 구제해주고, 깊은 물에 빠진 중생을 보면 내가 관음보살이 되어서 얼른 건져내서 안전한 곳으로 옮겨 주는 등 고통과 재난에 처한 중생들을 못 본 척하거나 무관심하게 지나치지 말고 필요한 행동을 취하자는 것이다. '염피관음력(念彼觀音力)'이란 내가 관세음보살이 되거나 혹은 저 관세음보살의 힘을 내가 갖기를 생각하고 염원하는 간절한 마음을 말하는데 관세음보살에게 귀의하는 것은 타력이 아닌 자력의 수행으로, 수동적이 아닌 능동적인 자세로 화생化生*하려는 의지와 다르지 않다.

진흙탕에서 피어나는 찬란한 연꽃도 진흙탕 속에 뿌리를 깊이 내렸기 때문에 꽃과 열매가 찬란하게 피어나고 맺게 된 것이다. 역설하자면 진흙탕이 있었기 때문에 연꽃의 만개가 가능한 것이며, 만약 진흙탕을 포기하거나 더럽혀질까봐 두려워서 떠나버렸다면 결국 연꽃도 열매도 기대하기 힘들게 되고 마는 것이다.

부처님의 원음原音의 가르침 숫타니파타에서

"태생에 의해 바라문이 되거나, 태생에 의해 바라문이 아닌 자가 되는 것이 아니라, 행위로 인해 바라문이 되기도 하고, 행위로 인해 바라문이 아닌 자도 되는 것이다. 출생을 묻지 말고 행위를 물으십시오. 어떠한 땔감에서도 불이 생겨나듯 비천한 가문에서도 지혜로운 성자, 고귀하고 부끄러움으로 자제하는 자가 있게 되는 것이다."

라고 하신 말씀도 우리가 어떻게 태어나느냐가 중요한 것이 아니

---

* 원력願力에 의해서 새롭게 태어나는 것. 법法의 감동에 의해서 변신變身하는 것.

라 어떠한 행동으로 살아가야 하는지를 일깨워주는 것이다.

사바에 태어난 숙업에 무작정 순응하면서 고통을 감인할 수밖에 없는 곳으로 볼 것인지, 바다처럼 깊고 넓은 복전을 심을 수 있는 곳으로 볼 것인지, 자신의 시야에 따라서 중생의 업業인지 보살의 원력願力인지를 가늠할 수 있다.

### 복력福力과 복덕福德

## 쉼 없이 복을 쌓아
## 태산만큼 덕을 이루리

불자가 되었다는 것은 이미 복된 사람, 복인福人이라는 것과 다르지 않다. 선근善根이 없고, 박복한 사람이라면 부처님과의 인연이 멀 수밖에 없기 때문이다. 인신난득人身難得이요 불법난봉佛法難逢이라, 사람의 몸을 받기 어려우며 부처님 법을 만나기는 더욱 어렵다고 하였다. 부처님의 법이란 만고에 변하지 않는 영원한 진리이며, 이런 최상의 진리를 들을 수 있다는 것은 과거 전생에서부터 지중한 인연과 함께 닦아놓은 복의 결과이며 과보인 것이다.

귀의불양족존歸依佛兩足尊 복덕과 지혜 두 가지를 모두 구족하신 존귀하신 부처님께서 갖추고 계신 것은 복덕이며, 불자인 우리는 복덕이 아닌 복을 갖추고 누리고 있으면서, 우리의 선근과 복력이 부처님의 복덕이 되도록 정진하고 노력하는 것이 바로 불자의 수행이라고 할 수 있다.

등산즉사학기고登山則思學其高 산에 올라가면 그 산의 높은 기상을 배워야 하겠다고 생각해야 하며, 임수즉사학기청臨水則思學其淸 물을 가까이할 때에는 그 물의 맑고 시원한 기운을 배워야겠노라고 다짐해야 하며, 좌석즉사학기견坐石則思學其堅 돌에 앉아서는 그 돌의 견고하고 굳센 의지와 각오를 배우리라 생각해야 하며, 간송즉사학기정看松則思學其貞 소나무를 바라볼 때에는 그 소나무의 풍파와 시련에도 굴하지 않는 의연함과 꿋꿋함을 배워야겠다고 생각해야 하며, 대월즉사학기명對月則思學其明 달을 마주 바라보면서는 그 달이 어둠을 밝혀주는 것을 배워야 하겠다고 다짐하는 것처럼, 예불즉사학기덕禮佛則思學其德 부처님께 예배를 올리면서는 부처님의 지혜와 복덕과 공덕을 배우리라고 생각해야만 불구소생자佛口所生子 부처님의 법문을 듣고서 이를 계기로 다시 새로운 삶을 살아가는 불자의 도리이자 소임인 것이다.

주역의 첫머리에서도 적선지가필유여경積善之家必有餘慶이라고 선행과 선업을 쌓아 축적하는 사람에게는 반드시 경사스러운 일이 많이 있게 된다고 강조하였다. 조금하다가 그만두거나, 혹은 이 정도 했으면 됐다고 스스로 만족하면서 선근을 닦는 일에서 물러난다면 복덕을 이루는 일은 영원히 이룰 수 없을 것이다. 선행과 보시로 중생들을 이롭게 하는, 요익유정饒益有情의 수행이 산처럼 높이 쌓여진다면 바로 복에서 복덕으로 나아가는 기틀이 된다.

덕德이란 크다는 것을 의미하는데 그 크기가 어느 정도인가 하면 복이나 공로가 태산만큼 크고 높은 것을 가리킨다. 과거 세상의 일곱 분의 부처님께서 모두 게송으로 설하신 제악막작 중선봉행諸惡莫作 衆善奉行 모든 악업을 짓지 말고 모든 선행을 받들어 행하라고 하신 가르침 역시 중생의 복력과 선근이 부처님의 복덕과 공덕으로 성취될 때까지 선행을 멈추지 말아야 한다고 강조하신 것이다.

복력으로 복덕을 성취하는 방편方便이 바로 보시布施, 지계持戒, 인욕忍辱, 선정禪定, 정진精進, 지혜智慧의 여섯 가지 바라밀을 수행하는 것이다.

나의 자비로운 마음으로 나누고 베푸는 것이 바로 보시 바라밀이며, 모든 번뇌의 어지러움을 가라앉히는 것이 지계 바라밀이며, 상대방을 이해하고 내가 먼저 화해하고 화합하는 것이 인욕 바라밀이며, 마음이 요란하게 움직이며 요동치거나 혹은 고독과 쓸쓸함에 가라앉지 않게 하는 것이 선정 바라밀이며, 불법과 진리를 궁구하는 일에서 물러나지 않는 것이 정진 바라밀이며, 모든 법의 생멸生滅이 없는 도리와 상대와 내가 곧 일체라는 연기緣起를 깨닫는 것이 지혜 바라밀이다.

진정한 보시로 욕망에서 벗어나게 되고, 지계로 번뇌를 없애고, 인욕으로는 일체의 모든 경계가 무상無常하다는 마음으로 대면할 수 있게 된다. 정진으로 집착하는 모습에서 벗어나게 되고, 선정으로 분별하는 마음을 없애게 되고, 이런 절차에 수순한다면 바로 지혜를 증득할 수 있게 된다.

사람으로 태어나서 부처님의 정법과 진리를 만난 소중한 복력을 바탕으로, 복덕과 공덕을 수미산의 높이로 쌓을 때까지 견고한 신심信心으로 영원히 물러서지 않겠다는 불퇴전不退轉의 각오로 정진한다면, 복된 불자라는 인연을 소중하게 하는 동시에 금생今生까지의 선근과 복력을 헛되게 하지 않고 나아가 복덕과 공덕을 구족하게 성취하려는 의지이자 자세가 될 것이다.

## 완전한 효행孝行

### 효를 행하기가 그리 쉬울까
### 공양·공경·존중·찬탄, 이 모두를 갖추어야 하는 것을

《주역周易》의 첫머리는 "적선지가積善之家 필유여경必有餘慶"으로 시작된다. '선행을 쌓는 집안에는 반드시 넉넉한 기쁨과 경사가 있다'는 것이다. 이어서 길흉화복吉凶禍福 흉한 것을 길한 것으로 돌리거나 전화위복轉禍爲福 재난과 불행을 복으로 전환하기 위해서는 선善을 쌓거나 혹은 명당에 부모를 모시고 제사를 지내거나, 그것도 아니면 세상사에 무심한 무애도인無碍道人이 되어야 한다고 설명한다.

명당에 부모를 모시고 제사를 올리는 것은 효행과 효도를 뜻하는데, 효도에도 상품上品, 중품中品, 하품下品의 세 가지 단계가 있다는 사실을 아는 사람은 드물 것이다.

상품上品의 효도, 상효上孝란 일가와 친척이 모두 화목하고 열심히 생활하여 사회에 필요한 존재가 되고 나아가 사람들의 존경을 받는 것이다. 중품中品의 효도, 중효中孝란 돌아가신 부모님을 위해 정성을 다해 장례를 치르고, 49재와 천도재로 추선공양追善供養<sup>*</sup>을 올리는 것이다. 마지막으로 하품下品의 효도, 하효下孝란 부모님이 살아 계실 적에 좋은 옷과 음식으로 봉양하고 기쁘게 해드리면서 편안히 모시는 것을 말한다. 100세에 드신 어버이 앞에서 산수傘壽 80세의 노인이 재롱을 부리고 기쁘게 해드리는 것도 바로 여기에 해당하는 효도라고 할 것이다.

《범망경梵網經》에서는 팔복전八福田을 설명한다. 복전福田이란 곡식을 일구는 터전인 밭과 같이 우리가 복을 일구어내는 터전이라는 뜻으로, 밭을 일구어서 곡식을 마련하는 것처럼 복전의 대상에게 공양함으로써 복을 마련한다는 뜻이다. 팔복전이란 부처님, 성인聖人, 스님, 화상和尙, 아사리阿闍梨, 아버지, 어머니, 마지막으로 병고病苦에 신음하는 환자를 가리킨다.

부처님께 공양하고 기도함으로써 복을 받게 된다. 성인이란 성문聲聞이나 연각緣覺이나 보살菩薩의 경지에 도달한 수행자를 뜻하고, 이런 분들에게 공양을 올리면 복을 받게 되는 것이다. 스님에게

---

\* 죽은 이의 명복을 빌려고 착한 일을 하기 위하여 올리는 공양.

공양을 올리는 것으로도 복을 받을 수 있다. 화상과 아사리란 제자를 가르치고 지도하는 법력法力과 수행을 갖춘 큰스님을 뜻하는데, 이런 선지식善知識들에게 공양하는 것도 복의 밭을 일구어 경작하는 것이라고 하였다. 부모의 은혜에 보답하면 복을 받게 되고, 마지막으로 병고에 시달리는 환자를 보살피는 간병의 공덕 또한 복전을 일구는 터전이 되는 것이다.

이와 같은 복전의 대상이 되는 불보살, 성인, 스님, 부모님, 병고에 시달리는 중생 등의 모든 사람들을 받들어 모신다봉근, 奉覲거나 혹은 친근親近하고 친견親見한다고 할 때에는 항상 공양과 공경과 존중과 찬탄의 네 가지가 동시에 이루어져야만 한다.

생활에 필요한 음식이나 의복, 방사房舍, 탕약湯藥을 공양 올리고 항상 공경하고 존중하면서 찬탄하고 칭송하는 네 가지 법을 실행했을 때에 비로소 받들어 모시는 봉근이 이루어진다.

부모님을 좋은 옷과 음식으로 봉양하는 것을 하효, 가장 근본적인 효도라고 한 것도 공양과 공경과 존중과 찬탄에서 첫째 단계가 공양이라고 한 것과 상통하는 것이다. 그러므로 봉양하는 것만으로 효행을 다했다고 할 수 없다. 공경하고 존중하며 어버이의 덕을 찬탄하고 칭송했을 때에야 비로소 올바른 효행을 실천했노라고 할 수 있을 것이다.

《싱갈라숫탄타Siṅgālovādasuttanta》라는 팔리어 경전을 번역한

《선생경先生經》은《육방예경六方禮經》이라고도 하는데, 이 경전에서도 부모님을 섬기는 다섯 가지 방법에 대해 설하고 있다. 자식으로서 어떻게 효를 실천할 수 있는가에 대한 첫 번째 방법은 나를 키워준 부모님을 봉양해야 하는 것이고, 두 번째는 부모에게 해야 하는 자식으로서의 의무를 다해야 하며, 세 번째는 결혼하여 자식을 낳는 것으로 부모님의 뒤를 확실히 이어야 하고, 네 번째는 유산과 유언을 따르고 순종해야 하며, 다섯 번째는 돌아가신 부모님을 위해서 마땅히 추선追善의 공양을 베풀어야 한다는 것이다.

모든 성인들이 이처럼 부모에게 효순하고 공경하기를 극진히 한다면 복을 받게 된다는 것을 강조한 것은 효성孝誠이 바로 만복萬福의 원천源泉이기 때문이다.

석가모니 부처님께서는 부모님을 제도하는 것으로, 효행의 완성을 실천하였다. 정각正覺의 깨달음을 증득하신 부처님의 완전한 효행을 본받겠노라는 의지와 각오로 올바른 효행을 실천해보자.

# 03
## 존중과 공경에서 시작되는 소통의 삶

사람의 품격은 어떻게 결정되는가
## 신사의 품격은 매너에서 나온다고?
## 마음가짐과 행동이 정체를 결정한다

나는 왜 이렇게밖에 살지 못하나, 내가 부잣집에서 태어났다면 얼마나 좋을까 등등 많은 사람들이 '지금의 나'에게 불만을 갖는다. 더 나아가 어떤 사람들은 자신의 태생을 탓하기도 한다.

초기 경전인 《숫타니파타Sutta Nipāta》에는 이런 구절이 나온다.

"태생에 의해서 바라문婆羅門이 되거나, 혹은 태생에 의해서 바라문이 아닌 자가 되는 것이 아니다. 행위로 인해서 바라문인 자가 되기도 하고, 행위로 인해서 바라문이 아닌 자가 되는 것이다."
"출생을 묻지 말고 행위를 물으십시오. 어떠한 땔감에서도 불이 생겨나는 것처럼 비천한 가문에서도 지혜로운 성자나 고귀하고 부끄러움으로 자제自制하는 자가 있기 마련이다."

이는 신분이나 정체를 결정하는 조건은 가문이나 직위가 아니라 어떤 마음으로 어떤 행동을 하는 것인가로 좌우된다는 것을 가리킨다.

숫타니파타가 설해지던 당시의 인도 사회 구조는 카스트라는 신분제도가 축을 이루고 있었는데 카스트 제도에 의하면 승려에 해당하는 바라문 계급이 왕족보다 높은 계급이었다. 이러한 신분 계급은 철저히 세습되어 왕족이나 평민이 바라문 계급으로 유입되기란 불가능했다. 카스트에서 최상위 계급에 속하는 바라문은 여타의 신분에서는 감히 넘보거나 꿈꿀 수 없는 최고의 특권층이었다. 그러므로 사회의 구성원은 '바라문'과 '바라문이 아닌 자'로 양분兩分되어, 바라문이 아닌 자들은 바라문에 대한 복종과 존경을 강요당했다.

신분 세습으로 인해 태어나는 순간 계급이 결정되는 제도를 부정하며, 바라문에 합당한 행동을 함으로써 바라문이 되고, 바라문에 합당한 행동을 하지 않으면 바라문이라고 할 수 없다는 선언은 신분의 제약으로부터 민중을 해방하는 동시에, 자신의 신분이나 정체를 결정하는 것은 부모가 아니라 내 자신의 행동이라는, 자신이 지니고 있는 무한한 가능성과 능력을 표출하는 것이 중요하다는 것을 의미하고 있다.

《증일아함경增壹阿含經》에서는 범부와 성인이 갖고 있는 여섯 종류의 힘을 설명하면서

> "어린아이는 울부짖는 것으로 힘을 삼고, 여인은 성내고 토라지는 것으로 힘을 삼으며, 국왕은 교만한 것으로 힘을 삼고, 사문은 인욕忍辱으로 힘을 삼아서 항상 하심下心하며, 아라한은 오로지 정진하는 것으로 힘을 삼고, 부처님은 대비大悲로 힘을 삼아서 널리 중생들을 이롭게 한다."

고 하였다.

울어대고, 성내고, 교만하며 으스대고, 인욕하고, 정진하고, 크게 비통해 하는 것 등은 모두 내면의 감정을 외부로 표출하여 자신의 존재를 확인시키는 행위라고 할 수 있다.

말하거나 의사를 표현할 수 없는 어린아이는 불편하거나 필요하거나 말하고 싶은 것이 있을 때에는 크게 울어대고, 아이의 울음소리를 들은 어머니는 아무리 급한 일이 있더라도 아이에게 달려가 필요한 조치를 취하게 된다. 그러므로 울어대는 것이야말로 아이가 갖고 있는 커다란 힘이며, 능력이며, 자신의 존재를 각인시

키는 행위인 것이다.

　다시 말해서 누군가에게 자기의 존재를 알리고 싶을 때 혹은 아무도 자신을 알아주지 않을 때 어린아이는 울어대고, 여인들은 토라지고 성을 내는 것이다. 그러나 어린아이라 할지라도 자라면서 필요하거나 불편한 것이 있을 때에는 그때그때 자신의 의견을 드러내어 더는 울지 않게 되고, 토라지거나 성을 내던 여인도 자존감과 자주성을 굳건히 확립함으로써 자신의 감정을 다스리고 자신의 문제를 스스로 해결해 나가게 된다. 어린아이의 울음은 성장을 통해서 해결되고, 여인의 토라짐 역시 자존감과 자주성으로 벗어나게 되는 일이다.

　만약 곤란한 처지에 놓이거나 해결할 수 없는 문제에 봉착할 때에 울어대거나 막연한 대상을 향한 분노의 감정에서 벗어날 수 없다면 어린아이거나 혹은 여인의 한계에서 헤매고 있다는 증거와 다르지 않다.

　나는 과연 어떻게 행동하고 있는지를 깊이 성찰해보자. 울어대고 분노하고 있는가. 아니면 인욕으로 고통의 시간을 넘기는 중인가.

　자신의 고통과 아픔에만 집중한 나머지 주위를 돌보지 않고 있는가. 아니면 나와 똑같은 혹은 나보다 더 심한 고통과 아픔을 겪었거나 치르고 있는 다른 존재들을 향해 눈을 뜨고, 마음의 문을 열어놓고 있는가.

인욕을 통한 하심과 존중으로 마침내 곤경에서 벗어나게 된다면 사문의 수행자와 다르지 않을 것이며, 인욕의 수행에 연륜이 더해져서 인욕과 하심과 존중을 구별하거나 구분하지 않고 굳이 인욕하자고 의식하지 않아도 저절로 집중하고 정진한다면 아라한의 경계에 도달했다고 할 수 있을 것이다.

나아가서 자신의 고통과 아픔 속에 마냥 파묻혀 있기보다 내 경험을 발판으로 타인이 겪고 있는 고통과 아픔을 함께 하고자 노력한다면 자신의 정체를 보살의 경지로까지 올려놓은 것이라고 할 수 있다.

'행위로 인해 바라문이 되기도 하고, 행위로 인해 바라문이 아닌 자가 되기도 한다'는 뜻은 여기서 비롯된다. 지금의 내가 불만인 당신, 내가 어떤 마음으로 어떻게 하느냐에 따라 나의 정체성도 올곧게 서고, 나의 한계까지 넘어설 수 있음을 명심하자.

**견문위종**見聞爲種

## 과거를 살피고 성찰하다 보면,
## 꿈은 이루어진다

견문위종見聞爲種은 《화엄경》의 대가大家로 추앙받고 있는 청량국사淸涼國師 징관澄觀 738~839 스님의 저술인 《왕복서往復序》에 나오는 한 구절이다.

'보고 듣는 것이 종자種子가 되고 씨앗이 되어 결과와 성과를 좌우하게 된다'는 뜻을 담고 있는 견문위종은 '평소에 보고 듣는 것을 가벼이 생각하는 것을 경계하라'는 가르침이다. 맹모孟母가 교육과 훈육을 위해서 세 번씩이나 이사를 다녔다는 맹모삼천지교孟母三遷之敎와도 상통하는 가르침이라고 할 수 있다.

그러나 맹모삼천지교에서는 견문의 환경이 어머니의 선택으로 보다 교육적인 방향으로 나아가게 된 것이라면, 견문위종이라는 구절에서는 외부 조건이나 힘에 의해서가 아니라 자신의 능동적이고 자발적인 선택과 진전進展을 강조하고 있다고 할 것이다.

이와 함께 내가 보고 듣는 것 못지않게 과연 무엇을 보여주고 들려줄 것인가를 고민하면서 끝없는 성찰을 통해 위의威儀를 확립하고 향상할 것까지 내포하고 있는 것이다.

무엇을 보고 들을 것인지와 더불어 무엇을 보여주고 무엇을 들려줄 것이냐 등으로, 자신의 성장과 그것을 통한 영향을 중요하게 다루는 것이 견문위종의 본의本意일 것이다.

회자정리會者定離도 참회와 기도를 바탕으로 한 견문을 통해서 성숙된 만남으로 이어지리라고 확신한다. 삶의 자세와 방향을 전환하고 결정하는 것이 바로 참회와 기도이기 때문이다. 참회와 기도를 통해서 중생의 삶과 업력의 삶에서 보살의 삶과 원력의 삶으로의 반전이 가능해진다.

참회란 자신의 잘못된 행동에 대해서 후회하고 반성하고 뉘우치는 동시에 그와 같은 잘못된 행동을 다시는 저지르지 않겠노라고 굳게 다짐하는 것이다. 즉, 참회가 주창하는 본연의 의미는 지나간 자신의 행동에 대한 성찰이며 자기반성이다.

참회가 중요한 것은, 현재의 상황을 타개하고 벗어나는 방편이기 때문이다. 지금 내가 처한 상황이 힘들고 괴롭고 아픈 것은 과거의 업業, 숙업宿業에 의해서 결정되는 것이다. 이것이 바로 금생수자시今生受者是 지금 받고 있는 것은 전생사前生事에 의한 것이기 때문이다.

　이러한 숙업을 고치고 제거한다는 것은 어렵고 힘든 일이어서 반드시 신묘한 힘, 참회를 통해서 가능해진다는 것이 숙업난제필차신력宿業難除 必借神力이다. 현재의 고통에서 벗어나고 지금의 상황을 개선하는 것은 신비로운 도움에 의지해야만 하는데, 이렇게 신비로운 도움은 참회를 통해서 경험할 수 있다.

　참회를 통해 지금 내가 처해있는 고통스런 상황과 형편에서 벗어나 점차적으로 안정되고 편안해질 수 있음을 경험하게 되면, 미래의 이익과 안락을 구하고 성취하기 위해 기도에 더욱 매진할 것이다.

　참회가 지나간 시절의 잘못된 행동을 분석하고 문제를 풀려는 적극적인 자세라면, 미래를 향한 발원과 원력은 기도를 통해서 이루어지게 된다. 참회를 통해서 순수하고 깨끗하게 맑아진 마음을 찾게 되고, 이처럼 청정한 마음을 바탕으로 미래를 향한 에너지가 넘치는 삶이 바로 기도이다.

　과거와의 단절로는 미래가 이루어지지 않는다. 지나간 날이 없다면 다가올 날도 없는 것이다. 과거의 경험을 살피며 성숙해지면, 미래의 활력과 희망이 이루어지게 된다. 현재에는 과거가 담겨 있으며, 현재를 통해 미래가 보장된다. 과거의 경험으로 배운 슬기와 미래를 향한 기대가 지금 나의 간절하고 진실된 참회와 기도로 구현되는 것이다. '슬기'는 참회로 갖추어지고, '기대'는 기도의 원동력이 되기 때문이다.

　기대와 꿈과 희망이 없는 삶은 참담하다. 그러나 그것이 실현되기 위해서는 반드시 노력과 정진이 필수적인 요건이다. 노력과 정진이 없다면 꿈은 영원히 몽(夢)이고, 망(望)일 뿐이며 그 단계를 올려갈 수 없다. 기도는 노력과 정진을 보살적인 시각과 관점으로 끌어올리는 수행이다. 자신만을 위한 노력과 정진을 타인을 향하고 위하는 노력과 정진으로 점차적으로 확장하는 것이 바로 기도인 것이다.

　과거의 행위가 인(因)이 되고 씨앗이 되어서 현재의 상황을 빚어내는 것이라면, 원인에 대한 분석과 그 분석을 통한 해결이 이루어지면 현재의 상황과 시련에서 벗어나게 될 것이다. 지금 처한 상황에서 그저 한탄하고 원망하고 자책하기만 한다면 영원히 그와 같은 상황에서 벗어날 수 없다. 원인을 살펴서 문제점을 해결한 다음 단계에서는 희망과 활력이 넘치는 미래를 기대하고 발원하는 기도가 간절하게 이루어진다.
　바로 업력(業力)의 삶에서 원력(願力)의 삶으로의 전환이다.
　과거에는 어쩔 수 없이, 억지로, 끌려 가는대로, 소극적으로 살아왔다(업력의 삶)면, 미래에는 참회와 기도를 통해서 능동적으로, 적극적으로, 활력과 희망과 에너지가 넘쳐나고 원력의 삶으로 살아가는 것이 가능하게 된다. 참회와 기도가 삶의 방향을 전환하고 반전시킨다는 것이 바로 이것을 말한다.

현재의 안정과 평온은 참회로 가능하게 되고, 미래의 이익과 안락인 꿈과 소망은 기도로 실현되는 것이다. 이것이 참회와 기도가 수없이 반복하고 되풀이되어야 하는 까닭이다.

지금 불안하고, 힘들고, 괴롭고, 고통 받고 있다면 참회해야 한다. 미래에 안락하고 이로운 삶을 살아가고자 한다면 기도해야 한다. 수없는 참회와 기도를 통해서 안정과 평온, 이익과 안락을 확장하게 된다.

나로 시작된 안정과 평온은 가족, 친지, 사회, 국가의 안정과 발전으로 퍼져 나가게 되고, 미래의 안락과 이익 역시 두루 미칠 수 있도록 참회와 기도의 범위가 점점 확장되게 될 것이다. 이것이 바로 업력을 원력으로, 중생의 삶에서 보살의 삶으로 전환하는 반전이 아니겠는가.

꽉 막힌 이 세상, 소통을 기대하며
## 내 말만 옳다는 당신, 남의 말부터 들어보라

중생을 제도하기 위한 부처님의 여러 가지 방편 중에서 비유법譬喻法은 보다 쉽고 자세한 설명으로 중생의 눈높이에 맞추려는 배려에 의해 비롯되었다. 그 가운데 바다의 여덟 가지 특성을 불법佛法에 비유하시면서 대중의 화합과 포용과 청정과 정진을 강조하셨는데 다음과 같다.

> 바닷물에는 여덟 가지 특별한 법이 있는데, 첫째는 시냇물과 개울과 계곡의 물과 폭포 등의 온갖 것들이 흘러 들어가서 모이는 것이며, 둘째는 항상 머물러서 조수潮水의 법칙을 어기지 않는 것이고, 셋째는 여러 갈래의 강물이 모두 바다

에 들어가면 본래의 이름을 잃고 바다라 부르는 것이며, 넷째는 아무리 많은 강물과 빗물이 바다에 흘러 들어가더라도 바닷물은 늘어나거나 줄어들지 않는 것이고, 다섯째는 바닷물은 전체가 짜서 맛이 동일한 것이고, 여섯째는 시체를 받아들이지 않는 것이며, 일곱째는 육지에 없는 진귀한 보물을 만들어 내는 것이고, 마지막 여덟째는 몸집이 거대한 중생들이 살아가는 것이다.

이와 같이 나의 법에도 여덟 가지 특별한 법이 있으니, 첫째는 저 바닷물에 온갖 물들이 흘러들어 모이는 것처럼 모든 제자들이 점차 계를 배우고 훌륭한 법을 수행하는 것이며, 둘째는 바닷물이 항상 머물러 있으면서 조수의 법칙을 잃지 않는 것과 같이 나의 제자들도 계율 속에 살면서 목숨이 다할 때까지 계율을 범하지 않는 것이고, 셋째는 여러 갈래의 강물이 바다에 들어가면 본래의 이름을 버리고 바다라고 불리는 것처럼 나의 법 안에서 네 가지 종성種姓들이 믿음이 견고하고 출가하여 도를 수행하면 본래의 출신성분의 계급은 없어지고 모두를 부처님의 제자라고 부르는 것이며, 넷째는 아무리 많은 강물이나 빗물이 바다에 들어오더라도 바닷물은 증감이 없는 것처럼 훌륭한 제자들이 견고한 신심으로 도를 수행하여 모두 남음 없는 열반의 경계무여열반 無餘涅槃에 들어가더라도 열반의 경계는 늘어나거나 줄어들지 않는 것이고, 다섯째는 바닷물이 모두 짠 맛인 것과 같이 불법의 가운데에서는 똑같은 해탈의 맛을 얻는 것이며, 여섯째는 바다가 시체를 받아들이지 않는 것처럼 사문沙門이 아니면서 스스로 사문이라고 하거나 혹은 범행梵行을 닦지 않으면서 스스로 범행을 닦는다고 말하거나 혹은 계를 범하고 부정한 행으로 더럽히는 수행자는 대중이 멀리하고 용납하지 않는 것이고, 일곱째는 육지에 없는 진귀한 보배를 만들어내는 것처럼 불법 가운데에는 세속에 없는 육바라밀과 팔정도와 선정과 반야 등의 보물이 자리와 이타를 어우러지게 하는 것이며, 여덟째는 바다에 거대한 중생들이 사는 것처럼 불법 가운데에서 아라한과를 향하면 아라한과를 얻고 내지는 불과佛果를 향하면 부처의 지위에 오르게 되는 것으로, 이것을 불법의 여덟 가지 특별한 법이라고 한다.

정법의 수행과 여법如法한 범행梵行은 출가자의 생명이며, 목숨이다. 정법의 수행으로 외부와의 소통을 구현하고, 여법한 범행으로는 자신과의 치열한 소통을 성취한다. 안과 밖의 소통은 새의 양쪽 날개와 같고여조양익 如鳥兩翅, 수레의 두 바퀴와 같아서여거이륜 如車二輪 어느 한 쪽을 포기하거나 가볍게 여기거나 무시할 수 없다. 만약 어느 한 쪽의 소통에만 집중한다면 결국에는 날지 못하는 새, 굴러가지 못하는 수레와 같은 상황이 도래하고 말 것이기 때문이다.

내면의 소통, 내부와의 소통보다는 외부적인 소통에 공력을 소모함으로써 정작 내면의 외침과 비명을 묵과하지는 않았는지 모두의 성찰이 필요한 시점이다. 출가 이전의 모든 족성族姓과 특성을 내던지고 동일한 이름과 동일한 맛과 동일한 수행법과 동일한 과위(果位)를 취향(趣向)하는 구성원이기 때문이다.

충분한 설명으로 취지에 대한 이해를 선행하지 않은 것에 대한 비판을 여과 없이 받아들이고, 이제부터라도 이해와 협조를 위한 설명에 진력을 기울여야 할 것이며, 다른 한편에서는 취지에 대한 공감을 기반으로 시행 방법이나 시기 절차에 대한 각자의 의견이나 소신을 피력하여 추호의 의심이나 우려를 전반적으로 종식해야 한다.

여러 갈래의 강물이 바다에 들어가면 본래의 이름을 버리고 모두 바다라고 불리는 것처럼, 의견과 주장이 제각각이더라도 궁극적으로는 불법을 위한 수행과 불법을 통한 실천을 취향(趣向)할 것이기 때문이다. 본래의 이름을 버림으로써 바다에 합류한 강물처럼, 자신의 소견을 강요하기에 앞서서 반론에 귀 기울이고 받아들이는 포용과 관용으로 입지와 위세가 굳건해질 수 있을 것이다.

시혜施惠와 수혜受惠
## 이상적인 소통의 시작
Give & Take

출가 수행자와 재가 불자는 수행과 외호, 전법傳法과 공양供養으로 서로 소통하는 상호복전相互福田의 관계이다. 출가 수행자가 없는 재가 불자나 재가 불자가 없는 출가 수행자는 존재와 의의가 불가할 정도로 서로에게 중요한 위상을 갖는 절대적인 관계라는 말이다.

　초기의 출가 수행자들은 무소유와 무집착의 지침에 충실한 두타행頭陀行으로 생활하였으며, 동시에 재가의 신자는 출가 수행자들에게 음식을 공양하고 수행자는 이들에게 가르침을 베푸는 것으로 상호간의 소통이 이루어졌다.
　이처럼 음식을 제공하는 것에서 점차적으로 의복과 탕약과

정사 등의 사사공양四事供養을 시여施與하는 것으로 확대되었다. 이렇게 재가 불자에게는 출가 수행자가 복전의 위치에 있었으며, 출가 수행자에게는 재가 불자가 깨우침을 통해서 자비를 베풀어야 하는 대상이었다.

이러한 관계는 어느 한 쪽이 베풀기만 하거나 혹은 그 상대방은 받기만 하는 일방적인 것이 아니라, 양 쪽이 모두 베푸는 동시에 받기도 하는 시혜施惠와 수혜受惠의 주객을 겸비하는 이상적인 관계를 유지하는 원활한 소통이 이루어지는 것이다.

《십주비파사론十住毘婆沙論》에서도 '보시布施'는 '재시財施'와 '법시法施'로 구분된다고 설명하면서

> "재가의 보살은 마땅히 재시를 행하여야 하고, 출가인은 마땅히 법시를 행하여야 한다. 무슨 까닭인가 하면 재가의 법시는 출가에 미치지 못하기 때문이다. 또한 재가의 사람은 재물을 많이 갖고 있으며, 출가한 사람은 모든 경전을 독송하고 불법에 통달하여 사람들을 위해서 해설하여 모든 사람들을 무외無畏에 머물게 하는데, 이것은 재가의 사람들이 능히 미칠 바가 아닌 것이다."

라고 하여, 재시는 재가자에서 부여된 소임이고 법시는 출가인의 행법行法으로 규정하고 있다.

이처럼 출가 교단出家敎團인 승가에게 보시를 하는 것은 5계戒를 지키는 것과 함께 재가 불자만의 독자적인 행법이다. 재물을 보시하는 것은 출가자로서 미칠 바가 아니며, 정법正法을 해설하여 무외에 들어가게 하는 것은 재가자로서 능히 감당할 수 없는 것이다. 출가 교단은 재가 불자의 경제적인 지원을 기초로 존속하기 때문에 만약 재가 불자의 보시가 중단된다면 출가 교단도 동시에 무너진다고 하지 않을 수 없다. 그러한 의미에서 재가 불자의 보시는 불교 교단을 존속시키는 불가결의 요소인 것이다.

출가 수행자는 재가 불자에게 법시를 실천하는 보살이며, 재가 불자는 출가자에게 재시의 보살행을 닦는 관계이다. 정법을 알지 못하고 미혹迷惑 속에 헤매는 것보다 더 두려운 일이 없을 것이므로 출가 수행자는 재가 불자에게 법으로 무외시無畏施를 베푸는 것이며, 또한 의식주의 기본이 해결되지 않는다면 수행 이전에 기본적인 삶을 영위하기 어려운 두려움에 놓인 것이므로 재가자 역시 재물로 무외시를 베푸는 것이 된다.

법시와 재시와 무외시의 다음 단계로는 무주상보시無住相布施를 설명한다.

무주상보시에는 두 가지 의미가 있는데, 첫째는 아상我相, 인상人相, 중생상衆生相, 수자상壽者相 등의 사상四相에 머물지 말아야 한다는 것이다. 나와 너라는 주관과 객관은 물론 나와 너를 확대한 우리와 나와 너, 그리고 우리의 공간적인 설명 이외에 나아가서 수자의 시간적인 개념까지 그 어느 것에도 머물거나 집착하지 않는 것이다. 이러한 사상의 출발점은 바로 아상, 나에 대한 집착이다. 그러므로 무주상보시란 내가 잘났다고 뽐내는 거만함이나 자만심이 없이 보시해야 한다는 것이다. 이것은 곧 하심下心을 가리키며, 자신을 낮추면서 상대방을 존중하고 공경한다는 의미이다.

둘째는 보상이나 댓가를 바라지 말아야 한다는 것이다. 재가 불자로서 출가 수행자에게 재시로 공양할 때에 법을 듣기 위한 대가로 보시하는 것이 아니며, 출가 수행자 역시 공양을 받기 위한 방편에서 재가의 불자에게 법시를 베푸는 것이 아니다. 이것은 시혜와 수혜의 소통에서 수혜를 예상하고 계산하지 않은 시혜가 먼저 이루어졌다는 것을 의미한다.

법시이든 재시이든 무외시이든 만약 상대방을 존중하지 않고 가볍게 여기면서 자신을 높이는 아만我慢과 공고심貢高心으로 하거나 혹은 보상이나 응분의 대가를 구한다면 보살의 행법이 아니며 나아가 불과佛果의 증득證得을 기대할 수 없을 것이다.

그러므로 서로에게 베푸는 보시의 소통에서도 자신을 낮추는 하심과 상대를 공경하는 존중과 보상을 기대하지 않는 자발적이고 능동적인 참여는 가장 기본적인 덕목이자 소통을 완성하는 기틀이 되는 동시에, 나아가 사회 각 계층 간의 소통을 실현하기 위해서는 종교와 신분, 계급과 권위를 막론하고 우리 모두가 본보기로 수순隨順해야만 하는 선행 조건이다.

**구시화문**口是禍門 **부재구중**斧在口中
## 소통과 교감을 이루고 싶은 당신, 침묵하라

부처님께서 기원정사에 머물고 계실 때에 제자들이 앉아서 진리에 대해서 토론을 나누고 있는 것을 목격하시고 제자들에게 물으셨다.
"그대들은 무엇을 하고 있는 것인가"
"저희들은 지금 진리에 대해서 토론을 하고 있었습니다."
"훌륭하구나. 그대들이 진리에 관해서 서로 이야기 한다는 것은 매우 훌륭한 일인 것이며, 또한 출가한 수행자라면 마땅히 진리에 관해서 서로 토론해야만 하는 것이다. 그렇지만 그대들이 토론하는 것보다 더욱 귀중하게 여겨야 할 것은, 바로 지혜로운 사람이라면 해야 할 말을 하고 침묵할 때에는 침묵해야 한다는 것이다. 그러므로 그대들은 진리를 말하

는 것과 동시에 지혜로운 사람의 침묵을 배워야 한다는 것
을 깊이 명심해야만 한다."

구시화문口是禍門, 입이 바로 재앙과 근심의 문이라고 하는 말씀이나, 부사처세 부재구중 소이참신 유기악언夫士處世 斧在口中 所以斬身 由其惡言 사람이 세상을 살아감에 입 안에 도끼가 있어서 나쁜 말 한 마디로 말미암아서 결국에는 몸을 다치게 되고 만다는 등의 설명은 모두 말을 조심하고 입을 단속해야 한다는 것을 강조하는 것이다.

관계와 사이에서는 항상 말이 화근이 되곤 한다. 친하고 격의가 없는 막역한 사이에서도 실없는 농담 한 마디로 인해서 원수가 되기도 하고, 부모 자식의 가족관계에서도 무심결에 내뱉은 한 마디 말이 비수悲愁가 되고 도끼가 되어서 치명적이고 회복하기 힘든 아픔과 상처를 초래하기도 한다.

말언어, 言語은 소통과 교감交感을 위해 존재하는 것이다. 만약 말이 없다면 소통이나 교감을 생각조차 할 수 없기 때문에 소통을 실현하는 말과 언어의 가치는 가히 절대적이라고 할 수 있다. 말을 한다는 것은 자기의 생각과 의견과 주장을 드러내 보이는 것이고, 자신이 말하는 것을 그치고 침묵하며 다른 사람의 말에 귀 기울이면서 듣는다는 것은 상대와 타인과 세상을 받아들이는 자세이다. 진정한 소통과 교감으로, 말언어의 존재성을 인정하고 확립하기 위

해서는 말하기에 앞서 침묵하면서 다른 사람의 말을 경청하는 묵언과 관심이 선행되어야 할 것이다.

다른 사람의 말은 들으려고 하지 않으면서 오로지 자신의 의견과 주장만을 소리 높여 부르짖거나, 채팅과 댓글의 익명성을 빌려서 자기의 편견을 서슴없이 드러내는 것은 두 귀를 막고서 홀로 담장에 대고 떠들어대는 것과 다르지 않다. 이런 일방적이고 비극적인 상황에서 인간과 인간 사이의 소통이나 이해를 기대한다는 것은 점점 어려워지고 있다.

소통과 이해를 위한 제일 첫 번째 단계는 먼저 침묵하면서 상대의 말에 귀를 기울이는 자세라고 할 수 있다.

공자도 〈자연론自然論〉에서 "대자연은 아무런 말도 하지 않고 있지만 산천초목은 푸르다."고 강조하면서 "묵언이란 귀중한 지혜를 자연 속에서 배워야 한다."고 가르쳤다. 이는 불가佛家에서 묵언으로 수행의 한 방편을 익히는 것과 다르지 않다.

도심에서는 쉽게 느낄 수 없는 자연의 변화무쌍함이 이곳 가야산 곳곳에서 활발발하게 일어난다. 잠깐의 묵언수행으로 산과 들판에 가득한 뭇 생명들의 울림을 관조할 수 있다.

존재하는 그 자체로 지혜를 일깨우는 자연의 소리를 들어보고자 한다면 침묵하자. 나와 의견과 주장이 다른 상대의 마음을 알고 싶다면 그의 말에 귀를 기울이자. 내가 먼저 침묵하고 상대의 말을 듣다 보면 진정한 소통과 교감을 이루게 될 것이다.

군중 속의 고독을 떨쳐내고 소통과 교감을 이루고 싶은 당신, 침묵하라.

중심中心이며 전체인 중도中道
## 모 아니면 도? 윷·걸·개도 있다!

세간과 출세간 그 어떤 환경에서도 획일적인 주장과 이념이란 있을 수 없다. 그렇다고 다른 주장과 이념이 균형과 조화라는 긍정적인 모습으로 비쳐질 것이라고도 장담하기 힘들다. 현실에서는 다르다는 이유로 비판의 각을 세우고, 서로에게 상처와 폐해를 주고 있으니 말이다.

이럴 때일수록 나와 우리와 상반되는 견해와 이익을 추구하는 상대방이 틀린 것이 아니라, 다를 뿐이라는 사고의 유연성이 절실해진다. 절대적인 진리를 제외하고 어떤 주장이나 견해일지라도 모든 시각과 입장에서 온전하고 완전하게 맞을 수는 없다. 나의 입장과 우리의 처지에서만 맞을 뿐이라는 것, 그러므로 나와 다른 주장과 견해가 얼마든지 있을 수 있다고 인정하는 것으로 다양과 조화를 추구해야 한다.

나의 주장과 상대의 의견이 달라 보이더라도 개혁과 향상을 추구하는 공통된 중점中點의 가치를 갖고 있다. 보수와 진보라는 두 진영에서도 사회 안녕과 국가 발전이라는 중심의 가치를 공유한다. 노동자와 고용주의 노사 관계도 회사라는 중점에서 가능하다. 바로 여기에 대립과 반복과 분규에 대처하고 해결하는 방책으로 정중正中의 진리인 중도中道에 주목해야 하는 이유가 있다.

중도에서의 공관空觀은 유有와 무無를 초월한 중도이고, 불교의 근본적 입장에 직결하는 것이다. 이러한 중도의 원형은 원시불교에 설해진 부처님의 최초 설법으로서의 고락중도苦樂中道 고행주의와 쾌락주의라는 양극단을 떠난 8중도·팔정도八正道이며, 이것은 점차적으로 생사중도生死中道·일이중도一異中道·유무중도有無中道·단상중도斷常中道 등의 상세하고 체계적인 이론으로 정리된다.

확실한 것은 중도에서의 공空은 유有에 대립되는 무無나 지식에 대립되는 무지無知가 아니다. 이것은 인간의 언어와 사유를 초월한 것으로, 텅 비어 아무것도 없는 것처럼 보이는 허공이지만 실제로는 공기가 가득한 것과 같은 이치이다. 보지 못한다고 해서 아무것도 없는 것이 아니며, 우리가 눈으로 볼 수는 없지만 존재를 부정할 수 없는 것이 바로 공空이다. 다시 한 번 강조하지만, 무無와는 전혀 다른 개념이다.

중도를 이해하기 위해 먼저 모든 이원적二元的 상태에 대해 관념적으로 비판하며 배척하는 부질없는 논쟁희론 戱論을 버려야 한다. 동시에 상대적이고 편집된 모든 견해를 여덟 가지 상황으로 묶어 부정팔부 八不하고, 상대의 시각과 입장에 유연하게 대처해야 한다.

예컨대 생生과 멸滅이라는 상대적 상황에 대하여 '생함도 없고 멸함도 없다'는 뜻으로서 '불생불멸不生不滅'을 선언하는 동시에, '생하는 것이 아닐 수도 있으며 멸하는 것이 아니기도 하다'는 유연한 사고로 생과 멸의 양쪽을 모두 포용하고 섭수攝受*하는 것이 생멸중도의 본의本義이다.

살아가기는 하지만 살았다고 할 수 없기 때문에 불생不生이며, 죽었다고 완전히 소멸하는 것은 아니기 때문에 불멸不滅이다.

그러나 예기치 못한 사고로 목숨을 잃는 무수한 사례를 보고 들으면서도 나와는 상관없는 일로 여기고, 정작 자신은 사고와 무관하게 오늘도 내일도 살아가리라는 착각을 하는 게 보통이다. 생명은 누구도 누구에게서도 보장받을 수 없다. 살아도 안전하게 사는 것이 아닌, 생존하여도 생존하는 것이 아닌 중생의 한계이다. 지금 생하고 있지만 언제 멸할지 예측하거나 준비할 수 없다.

---

\* 자비로운 마음으로 중생을 거두어 들여서 보살핌.

물론 죽는다고 해서 모든 것이 없어지는 것도 아니다. 만약 죽음이 곧 소멸이라면 모든 기억과 이념과 흔적과 가르침까지 전부 죽음과 함께 지워지고 없어져야 한다. 그런데 유형의 형상만 소멸되고 무형의 가치관은 소멸되지 않는다. 부처님의 열반이 곧 소멸이라면 부처님의 가르침과 수행도 함께 소멸되어야 마땅하다. 2,700여 년이 지난 지금 불법과 수행이 전승되는 것은 죽어도 죽은 것이 아닌, 소멸되어도 소멸되는 것이 아닌 불멸의 가르침을 보여준다.

결국 생과 멸 어느 한 쪽으로 치우치는 것을 경계하고, 불생과 불멸을 표방하는 것이며, 그 진의眞意는 생과 멸, 불생과 불멸을 모두 섭수하고 포용하는 중도에 있다. 생에서도 충분히 멸이 포함되고, 멸을 통해서 다른 형태의 생이 시작되어서 생과 멸이 융합되는 중심이 중도이며, 생멸을 아우르는 전체가 곧 중도인 것이다.

나아가 양극단을 오류나 편견이라고 부정하기보다는 이를 포용하고 용납하며 초월하는 수승殊勝한 최상의 이념, 즉 옳고 바른 정중한 가치관을 '중도'라는 이름으로 구현하는 것이다. 그러므로 중도에 입각한 부정이나 비판은 단순한 부정이나 비판에 그치는 것이 아니라 상대와 경계의 양극단을 섭수하고 용납하며 중도를 제시하고, 어느 한 쪽을 편들거나 배척하지 않고 모두를 아우르며 중도를 실현하는 것을 말한다.

불교가 아시아를 거쳐 서구에까지 2,700여 년 동안 이어질 수 있었던 것은 수많은 학설과 지역의 풍속을 수용하고 섭수하며 얻은 다양성도 중대하게 작용하였을 것이다. 만약 수많은 사상과 학설을 받아들이지 않았다면 불교학의 전문화는 어려웠을 것이며, 각 지역의 시속時俗을 수용하지 않았다면 시대와 국경이라는 한계를 극복하기 힘들었을 것이다. 불교라는 명칭은 사문화死文化된 용어로 전락해 버렸을지 알 수 없다.

세간과 출세간을 막론하고 일체의 반목反目과 분규에 대처하는 대안으로 중도의 구현, 다시 말하면 다양성을 인정하고 화합과 발전이라는 중심을 확립하고 전체를 아우르는 데 선구자적인 역할을 충실히 이행하는 것이 불자에게 맡겨진 시대의 소임일 것이다.

**제유무소착**諸有無所着
나와 남을 분별하고
내편과 네편을 차별하고
내 것에 집착하는 마음에서 벗어나려면

자신이 소유하고 있는 재물은 물론 생명을 지닌 모든 존재에게까지 집착하는 것이 전무全無한 것, 무소유無所有에 관한 지침을 《화엄경華嚴經》에서는 '제유무소착諸有無所着'이라고 강조한다.
    자신에게 반드시 필요한 것만을 소유하는 것이 무소유가 아니라, 필요하거나 필요하지 않거나를 가리지 않고 모든 소유에 대해서 집착함이 없는 것이 제유무소착, 무소유의 근본이념이다.

    〈세주묘엄품世主妙嚴品〉에서 일체주약신중一切主藥神衆이 차례차례 부처님의 위신력을 찬탄하는 게송偈頌이 있다. 이 가운데 이진광명주약신離塵光明主藥神이 부처님의 위력 중에서 제유무소착의 공덕을 기리는 내용으로, 무소유의 경지에 이르기까지 왕석근수무량겁往昔勤修無量劫 지나간 옛적부터 한량없는 세월에 걸쳐서 절친한 권속에서부터 동시대를 함께 살아가는 모든 존재와 필요와 불필요를 가리지 않고 자신이 갖고 있는 모든 소유에 대해서 집착하지 않는 수행을 부지런히 닦으신 결과로 성취하신 것이라고 칭송하며 찬탄을 올린다.

제유諸有란 삼계三界, 즉 욕계欲界·색계色界·무색계無色界에 존재하는 모든 중생의 유형類形을 총망라하는 것으로 인간은 물론 네 발 짐승과 다족多足의 곤충과 유형·무형의 모든 생명을 가리키는 동시에 자신이 갖고 있는 모든 소유의 물질과 자신이 경험하는 모든 경계까지를 광범위하게 포함하는 것이다.

이러한 제유에게 무소착無所著한다는 것은 존재하는 모든 대상들과 자신이 소유하고 있는 재능과 재산과 경험뿐만 아니라 치러내는 모든 경계와 공간에까지 미진微塵 티끌이나 먼지만큼의 집착이나 미련을 두거나 갖지 않는다는 것이다. 이것이 바로 무소유無所有의 궁극적인 이념이다.

이진광명주약신이 제유에 무소착하는 공덕을 거론하는 것도, 집착인 진塵을 무소유로 벗어나는 것이 지혜인 광명과 다르지 않다는 것을 보여주기 위함이다. 진塵이란 티끌이자 번뇌이며, 집착이자 고苦의 원인인 집集인 것이다. 진塵을 소멸하고 벗어나는 정도正道가 무소유이며, 무소유로 이루어지는 광명이 곧 도이며 지혜와 다르지 않다.

함께 존재하는 모든 대상과 자신이 지니고 있는 모든 지적·물적 자산과 희노애락비통喜怒哀樂悲痛 등의 모든 감정과 경계에 집착하지 않는 제유무소착, 무소유의 수행을 한량없는 세월에 걸쳐서 부지런히 수행한 공덕으로 불과佛果를 얻는 것은 집착을 떨치고 번뇌와 티끌을 벗어나는 데에 어느 한 순간도 전념하지 않을 수 없다는 것을 시사하는 것이다.

다시 말해서 제유란 모든 존재와 모든 소유와 모든 순간으로 일체의 대상과 물질과 시간을 의미하며, 이러한 제유에 무소착한다는 것은 공간과 시간과 생명체에 대해서 분별과 차별과 집착이 없는 절대적인 중도中道의 발현과 다르지 않다.

내가 생명처럼 사랑하는 사람이라는 이유로, 혹은 나의 분신인 자식을 통해서 이루어내지 못한 성과를 기대하려는 이유로 열熱과 성誠을 다하여 애정을 쏟으며 집착하거나, 헤아릴 수 없는 공력을 오랜 시간동안 투자하여 이룩한 재능이라는 이유로, 혹은 먹지 않고 자지 않고 입지 않는 등의 노력으로 모은 재산이라고 아끼며 탐착貪着하거나, 일생에 두 번 다시 경험할 수 없는 소중한 순간과 감격이라고 붙잡고 매달리는 것 등은 모두 소유의 맹목적인 관점에서 비롯되고 빚어지는 사랑을 빙자한 애착이며 탐착이며 집착이다.

그리하여 영원히 제유의 속박과 결박에서 풀려나거나 벗어날 기약이 없을 것이며, 속박과 결박에서 해탈하지 못한다면 이고득락離苦得樂의 기회 또한 주어지지 않을 것이다. 이고득락의 정점頂點에 이르기까지 태어나는 모든 생애와 삶은 제유무소착을 근수하는 여정이기 때문이다.

자비보시慈悲布施, 자비의 마음과 보시의 수행으로 자비심과 보시행을 강조한다. 보시행이란 자비심의 표출이며, 자비의 행동이며, 자비의 표현이다. 자비심을 원만하고 돈독하게 갖추어 품거나 간직하고 있다고 하더라도 보시의 행동으로 표출되지 않는다면 활발하게 용솟음치는 진솔한 자비라고 할 수 없으며, 그 본연本然의 빛과 의미를 퇴색하고 상실하여 이미 자비라는 명목名目을 인정할 수 없다.

행동하지 않는 양심은 위선에 지나지 않으며 회향하거나 환원되지 않는 지식과 거부巨富는 공공公共의 적敵에 비유되는 것과 마찬가지로 표현되지 않는 자비 또한 불자라는 허울로 위장한 외도外道나 마군魔軍에 지나지 않는다고 할 수 있다. 보시가 곧 자비심이며 자비행이다.

다양함을 인정하는 출발, 정견正見
# 틀린 것이 아니라 다른 것이다

보살도菩薩道를 실천하는 삶의 이정과 방향을 제시하는 팔정도八正道* 가운데 제일 먼저 거론되는 정견正見은 올바른 견해와 의견, 나아가 이론과 사상의 정립을 가리키는 것이다. 올바르고 진실한 견해와 사상을 확립하기 위해서는 다듬고 바로 잡는 수정의 단계가 반드시 선행되어야 한다는 것이 정正에 담겨 있는 뜻이다.

시대와 환경에 부응하지 않는 절대적인 지고至高의 선善과 가

---

\* 불교 수행에서의 8가지 올바른 길. 정견(正見)·정사유(正思惟)·정어(正語)·정업(正業)·정명(正命)·정념(正念)·정정진(正精進)·정정(正定)을 가리킨다. 정견은 바른 견해, 정어는 바르게 말하는 것, 정업은 바르게 행동하고 일하는 것, 정명은 바르게 생활하는 것, 정정진은 바른 정진으로 마음의 번뇌를 닦고 산란한 마음을 다스리는 끝없는 수행, 정념은 바르게 기억하는 것으로 부처님을 기억하는 염불이 정념의 이상향이다. 정정은 바른 삼매와 선정에 드는 것이다.

치란 부처님의 정법, 불법만이 존재할 뿐이며, 세상의 모든 이념과 가치관과 사상에는 절대선이나 절대악이란 존재하지 않는다는 것은 지나간 세기에 쓰라린 고통과 혼란을 치러내며 체득한 귀중한 이론理論이다.

물론 고통이나 아픔이나 혼란을 겪지 않고서 올바른 견해와 사상을 이룰 수 있다면 그보다 더 좋을 수는 없겠지만, 그러나 고통과 아픔의 크기만큼 견해와 이론의 실천 또한 보다 용이하지 않을까 하는 것이 주지周知의 사실일 것이다. 그런데 우리의 현실과 상황을 살피자면 이러한 기대는 여지없이 무너지고 만다.

절대적인 선과 악의 개념마저 뭉개져버린 상황에서도 자신의 의견과 사상만이 올바르고 진정한 최상의 선택일 것이라는 마이동풍의 처신이나, 이제까지의 자신의 주장이나 공력을 무너뜨리지 않고자 무턱대고 반대를 위한 반대의 함성을 높이는 맹목적인 행동 또한 끊이지 않고 있으며, 이러한 소행이 개개인의 주장에 그치는 것이 아니라 집단의 이해관계로까지 확산되어서 결국 사회의 분열과 위기를 조장하고 마는 가슴 아픈 우리의 현실이 그저 안타깝다.

마麻를 심어 정성으로 농사를 지어 수확하여 길쌈으로 삼베를 장만한 두 사람이 시장에 내다 팔기 위해서 함께 길을 떠났다. 고개를 넘어가는데 땅바닥에 구리가 가득 놓여 있었다. 이것을 목격한 한 사람은 짊어지고 가던 삼베를 내던지고서 자신이 감당할 수 있을 만큼의 구리를 등에 졌고, 다른 한사람은 농사와 길쌈과 거기다가 여기까지 짊어지고 온 이제까지의 모든 공력과 노력이 아깝다는 전공가석前功可惜의 입장을 견지하여 삼베를 버리지 못하고 그냥 짊어지고 다시 길을 걸어갔다.

　또 다른 고개를 넘어가자 이번에는 은銀이 한가득 쌓여 있었다. 구리를 짊어졌던 친구는 이번에도 은으로 바꿔서 등에 졌고, 삼베를 졌던 사람은 지금까지 들어간 공력이 아깝다는 생각에서 역시 그대로 삼베를 지고서 계속해서 걸어갔다. 다음 고개에서는 금덩어리를 만났는데 은을 짊어졌던 친구는 다시 금으로 바꿔서 들었고, 삼베를 짊어진 사람은 그대로 삼베를 짊어지고 시장으로 갔다. 그 결과 금으로 바꿔서 지고 간 친구는 삼베를 팔아서 받은 가격과는 비교할 수 없이 많은 재산을 누리게 되었다는 것이 담마기금儋麻棄金 삼베를 짊어지려고 금을 포기한 어리석음을 비유하는 설명이다.

　나의 의견이나 생각과 상반되는 상대방의 주장은 틀린 것이 아니라 다른 것이라는 것을 인정하는, '틀림'과 '다름'의 차이를 인식하는 데서 하나의 사물을 관찰하거나 동일한 사건을 처리하는 데에도 다방면의 시선과 입장이 있다는 다양성과 느슨함을 기대할 수 있을 것이다. 무엇보다도 자신의 견해를 관철시키고야 말겠다는 완고한 의지로, 진보적이고 혁신적인 문화와 화합의 흐름에 걸림돌이 되는 어리석음을 범하지 않게 될 것이다. 수승한 가치의 금을 획득하기 위해서는 정성과 공력이 들어간 아까운 삼베를 포기

할 줄 알아야 한다. 지금 당장은 아깝겠지만, 보다 고귀한 가치와 이상을 실현하기 위해서는 완고한 의지보다 다양한 시각과 경험을 받아들이고 수용하는 열린 마음과 자세가 이루어져야 한다.

이처럼 다양함과 개성을 인정하고 존중하는 것이 바로 사상四相**을 벗어난 인욕행자忍辱行者이며, 인욕보살忍辱菩薩의 정견正見일 것이다.

초나라의 한 사람이 하루는 배를 타고 강을 건너가다가 칼을 물에 빠뜨리고 말았다. 그러자 뱃전에 자국을 내어 칼이 떨어진 지점을 표시해두었다. 그리고 얼마가 지난 후에 배를 세우게 하고서 표시해 둔 뱃전 근처의 물속으로 들어가 칼을 찾았다. 칼이 떨어진 지점을 이미 지나쳐왔다는 사실을 알지 못하고 엉뚱한 곳에 새겨둔 표시를 기준으로 헛되게 찾으려고 애를 쓴다는 옛 이야기도 있다. 《여씨춘추呂氏春秋》〈찰금편察今篇〉에 나오는 각주구검刻舟求劍에 대한 고사故事로, 이 또한 옛것에 대한 집착으로 시대와 상황이 어떻게 돌아가는지 알려고 하지 않고 계속해서 헛된 집착과 망상을 버리지 못하며 살아가는 것을 가리키는 것이다.

---

** 아상(我相), 인상(人相), 중생상(衆生相), 수자상(壽者相). 아상은 나, 인상은 너, 중생상은 우리, 수자상은 목숨에 대해서 집착하는 소견을 말한다. 다시 말해서 아상이란 예고와 아만 등의 자기만 알고 자신에 집착하는 것이다. 인상이란 나와 상관없는 타인이라고 간주하여 관심을 두지 않는 것이다. 중생상은 혈연과 학연과 지연 등으로 결속하면서 이익을 도모하고 집착하는 것이다. 수자상이란 목숨이 일정한 기간 동안은 보장되어 있다고 집착하는 것이다. 인상과 중생상과 수자상은 결국 아상에서 비롯되는 것이다. 아상이 없어지면, 자신에 대한 집착에서 벗어나면 인상과 중생상과 수자상도 따라서 없어지게 된다.

찰금察今이란 지금, 오늘을 살핀다는 뜻으로 여씨呂氏, 즉 진시황의 아버지 여불위呂不韋 당시에도 그런 시대착오적인 인물이 없지 않았던 모양이다. 각주구검하기 보다는 기마담금棄麻擔金의 적극적이고 관용적인 자세에서 자신의 계발과 도약이 성취되고 실현된다.

존중을 위한 인욕忍辱
## 참고 인내하기,
## 수용과 화합을 실현하는 첫걸음

대승보살이라면 반드시 실천해야만 하는 수행법인 육바라밀六波羅蜜* 가운데 인욕忍辱 바라밀이 궁극적으로 추구하는 의미는 참고 견디는 것이 아니라 상대방과 다른 사람들을 이해하고 수용하면서 내가 먼저 화해하고 화합할 것을 강조하는 데 있다. 동시에 이해와 수용과 화합이 실현되기 위해서는 무엇보다도 참고 인내하는 것이 첫걸음이라는 것을 뜻한다.

    인욕 바라밀의 인욕은 존재의 모든 문제는 원인이 있다는

---

\* 생사의 고해를 건너 열반의 피안에 이르기 위해 닦아야 할 여섯 가지 실천덕목으로, 보시布施·지계持戒·인욕忍辱·정진精進·선정禪定·지혜智慧의 여섯 가지를 일컫는다.

통찰로부터 일어나는 인내忍耐를 말하는 것으로, 자신에게 가해지는 불이익이나 괴롭힘도 근본 원인인 내가 존재하기 때문에 비롯되는 것임을 지각해야 한다는 것이다.

불이익과 괴로움을 가하는 상대방은 원인이 아니라 반연攀緣이라는 시각과 자세로 상대를 이해하고 수용한다면, 견디고 참아내고 인내해야 하는 문제가 아니라는 것이 인욕 바라밀의 진정한 의미이자 취향점이다.

내가 존재하기 때문에 상대에게 순탄하지 못한 경계가 주어지게 되었다는 인식과 자각이 일어난다면, 수용이나 이해를 넘어서 상대에 대한 측은함과 자비심이 일어나게 된다.

인욕보살을 대표하는 《법화경法華經》의 상불경보살常不輕菩薩은 상대를 향한 자비심의 경지를 존경과 존중으로 승화시킨 분으로, 반목과 불화합의 작태를 치유하는 가르침을 시사하는 본보기로 수순隨順해야 한다. 이와 같이 상대를 존중하는 것은 세존의 탄생게誕生偈인 '천상천하유아독존天上天下唯我獨尊'을 증명하는 것으로, 자신은 물론 모든 사람들을 우주에서 가장 존귀한 존재로 대하는 동체대비의 보살심菩薩心이다.

또한 오역죄五逆罪를 범한 악인惡人 데바닷다Devadatta에게 미래세未來世에 성불하리라는 수기授記를 내리는 설명도 《법화경》의 지향점이 소극적인 인욕과 인내라기보다는 적극적인 수용과 포용과 존중임을 보여주는 것이다. 오역죄의 악인까지 부처로 존중하는 것,

그것이 바로 최상의 인욕이다.

조선 초기의 청백리로 꼽히고 있는 황희 정승의 '삼당론三當論' 역시, 각자의 처지와 입장을 고려한 이해와 포용의 인욕과 다르지 않다. 셋 모두 지당하다는 삼당론에 대한 고사를 언급하자면 다음과 같다.

대신들과 조정의 중대한 국사를 논의하고 퇴궐한 황희 정승이 집에 돌아오자마자 마당의 청지기는 그날 일어난 일에 대하여 자초지종을 고하게 된다. 청지기의 설명을 모두 들은 뒤에 정승은 자네의 말이 옳다고 수긍하였다. 그러자 이번에는 부엌에서 일하던 찬모가 같은 일에 대해서 다시 이야기하였으며, 정승은 다시 그렇다면 네 말이 맞다고 하였다. 그 후에 안방에 들어가니 이번에는 정승의 부인이 영감은 이쪽도 맞고 저쪽도 맞다고 하니 줏대가 없다고 하는 말을 듣자, 정승은 마누라의 말씀도 지당하다고 하였다.

이러한 일을 계기로 동일한 사건이라도 각자의 입장에 따라 관점과 의견이 다를 수밖에 없으며, 개별적인 차이를 존중해야 한다는 것을 알게 된 황희 정승은 국정의 대소사는 물론 개인적인 사소한 일에 이르기까지 불만을 품는 사람이 없도록 원만한 처리를 하고자 노력하였다고 한다.

이처럼 역지사지易地思之의 입장에서 모든 사람을 이해하고 포용하는 것이 바로 인욕행자忍辱行者의 자세이며, 모든 사람과 경계에 대해서 선입견을 두지 않는 열린 마음과 의식이라고 할 수 있다.

《대승기신론大乘起信論》에서는 시문施門과 계문戒門, 인문忍門, 진문進門, 지관문止觀門의 다섯 가지 수행으로 신심信心을 이루게 된다고 설명한다.

이 가운데 '인문忍門' 수행 덕목은 다른 사람이 괴롭게 하는 것을 참고, 원수를 갚아야겠다는 마음을 품지 않는 것을 뜻한다. 또한 마땅히 이익利과 불이익衰, 헐뜯음毁과 가상히 여김譽, 칭찬稱과 나무람譏, 고통苦과 즐거움樂 등의 경계를 참는 것이라고도 했다. 바로 흥망성쇠興亡盛衰와 기훼찬예譏毁讚譽와 고락苦樂 등 일체의 상황이나 경계에 휩쓸리거나 흔들리지 않는 평정平定의 마음과 자세를 유지해야 한다는 말이다.

자신의 이익과 자기와 동일한 견해와 의견만을 취하고, 자신에게 이익이 되지 않거나 혹은 나와 다른 견해와 주장은 그릇된 것이라고 배척하는 취사선택은 인욕바라밀을 수행하는 보살의 분상分上에 반하는 행동이다. 불이익과, 비난과, 고통이 핍박하더라도 열린 마음과 흔들리지 않는 의지로 상대에 대한 존중을 포기하거나 잃지 않는 것, 자존自尊의 또 다른 방소方所이자 인욕을 실천하는 수행이 될 것이다.

불교는 중도를 지향한다
## 보편을 상징하는 숫자 '3' _ No.3의 위대함에 대하여

삼보三寶 - 불佛·법法·승僧
삼신불三身佛 - 법신法身·보신報身·화신化身
삼학三學 - 계戒·정定·혜慧
삼혜三慧 - 문聞·사思·수修
삼존불三尊佛 - 본존불本尊佛·좌·우협시보살左右挾侍菩薩
삼귀의三歸依
삼법인三法印 - 제법무아諸法無我·제행무상諸行無常
　　　　　　　열반적정涅槃寂靜
삼대三大 - 체體·상相·용用
삼승三乘 - 성문聲聞·연각緣覺·보살菩薩
삼업三業과 삼밀三密
삼처회향三處廻向 - 보리菩提와 중생衆生과 실제實際
삼취정계三聚淨戒 - 섭율의攝律儀와 섭선법攝善法과 섭중생攝衆生

삼독三毒 - 탐貪·진瞋·치癡
삼악도三惡道 - 지옥地獄·아귀餓鬼·축생畜生

위에서 열거한 것 처럼 불교에서 '3'이라는 법수法數는 어떤 것보다 긴밀하고 중요하며 상당한 교리를 설명하고 상징한다.

이처럼 깊은 의미와 관계를 함축하는 것은 양극단의 이변二邊에서 중도中道를 강조하고 지향하는 불교의 특징에 상당하는 숫자이기 때문이다. 여기에 하나 덧붙이자면 '3'이라는 숫자는 일반적인 보편성의 시발점이라는 것에 또 다른 의미가 있을 것이다. 1의 절대성과 2의 비교적인 상대성에서 탈피하는 단계가 바로 3인 것으로, 유일적인 절대성과 비교적인 상대성에서 중도를 지향하는 관점에서 3이라는 법수가 친밀하고 중요하게 다루어졌을 것이다.

세계적인 경제 위기에 휩싸이면서 극심한 타격을 이겨내기 힘든 곤란과 고통에서 하루하루의 연명이 보장되지 않는, 앞날을 예측하고 보장할 수 없는 암흑에 허덕이는 것이 너나할 것 없이 모두에게 닥친 상황이다. 그러한 고통에 좌절하고서 끝내 돌이킬 수 없는 길을 선택하고 말았다는 가슴 아픈 소식이 끊이지 않고 있다. 물론 어찌할 도리가 전혀 없는 극단의 상황이라거나 피치 못할 사정에서 비롯되었다는 것을 충분히 헤아리고 짐작할 수 있다고 해도, 죽음은 단순히 생명이 끝나는 것일 뿐 관계가 끝나는 것은 아니라는 것을 강조하고 싶다.

아무리 절박한 상황과 곤란함에 닥치더라도 나 혼자만 이런 고통과 아픔과 혼돈을 겪거나 치러내는 것이 아니라는 것을 잊지 말아야 한다.

지금의 나는 유일무이하고, 세상 어디에도 없는 절대적으로 귀한 존재이다. 내가 있는 지금, 여기가 아니면 언제 어디에도 존재하지 않기 때문이다.

무소불위無所不爲의 신神조차 그렇지 않을 것인데 70억의 인류에서 나에게만 닥쳤거나 혹은 나만 치러내고 있는 유일한 절대적 상황일 것이라고 생각하거나 주장하는 것은 어불성설語不成說이며 전도顚倒된 망상妄想임이 분명하다.

나보다 더 아프고 괴로운 사람은 없을 것이라고 생각하거나, 나의 처지가 가장 괴롭고 슬프다는 것은 근시안적近視眼的인 착각에 지나지 않는다. 내가 알지는 못하지만, 나와 똑같은 아픔을 치러내고 있거나 혹은 나보다 더 심한 고통과 어려움에 빠진 사람이 어디에선가 다시 일어나서 살아보고자 노력하고 있을 것이다. 나의 고통과 아픔은 절대적인 것이 아니다. 보편적이고 일반적이다. 그렇기 때문에 나 역시 그들 못지않게 고군분투의 삶을 살아가야만 한다. 3이라는 법수가 현현하고자 하는 또 하나의 의미가 여기에 있다.

드넓은 바다에서 유유자적 물결을 따라 노닐던 작은 파도는 자기의 눈앞에서 다른 파도들이 해변에 닿아 부서지는 것을 목격하고서 말할 수 없는 절망감에 빠지고 말았다. 그러자 뒤따르던 다른 파도가 왜 그렇게 슬퍼하느냐고 물었다. 절망에 빠진 파도는 우리 모두는 곧 저렇게 부서지게 될 것이며, 그리하여 흔적도 없이 사라져 버린다고 생각하니 너무 끔찍하고 무섭다고 대답하였다. 그러자 또 다른 파도가 아직 모르고 있었냐고 하면서 우리는 그냥 부딪쳐 소멸하는 파도가 아니라 저 위대하고 드넓은 바다의 일부라고 알려 주었다.

목전(目前)의 참담함만을 바라보며 좌절하지 말고, 나의 등 뒤에서 나를 바라보며 믿어주는 수많은 인연들, 부모와 가족과 친지와 나아가서 사회와 국가와 인류까지의 찬란한 관계를 잊지 말아야 한다.

파도가 없다면 바다의 전반적인 현상도 존재할 수 없다. 부서져 소멸해버리는 바다 속의 파도를 인정하는 자세가 바로 거대한 바다의 실체를 확인하는 첫걸음이 될 것이다. 고통과 아픔과 실패는 인생이나 삶의 일부분에 지나지 않는다. 실패를 두려워하지 않는 강인함과 성실함을 포기하지 않는다면, 우리에게 닥친 시련은 성공을 보장하는 계기와 다르지 않다.

아무리 초라하고 무기력한 자신이라고 여겨지더라도, 우리는 푸른 별 지구를 넘어서 저 광활한 우주의 일부분이라는 사실은 변함 없다. 한 사람, 한 사람이 모여서 우주가 이루어졌다. 초라하고 무력하다고 생각하는 나 자신은 곧 지구와 우주를 구성하는 소중하고 귀중한 존재이다.

일중일체다즉일 一中一切多卽一 일미진중함시방 一微塵中含十方.

초라하거나 무력한 구성원은 없다. 지구와 우주의 구성원인 자신을 소중하고 귀하게 생각하는 것에서 다른 사람과 모든 중생까지 존경하고 존중하는 보살의 마음이 비롯됨을 명심하자.

04
원력에 찬 한마음으로
다져나가는
회한 없는 삶

일미진중함시방 — 微塵中含十方
## 결국, 시작은 한 점의 티끌로부터

카말돌리회\* 소속으로 로마에 있는 산 안토니오 수녀원에는 지난 1994년 선종善終하신 나자레나 수녀님이 평생을 머물며 기도하던 방이 보존되고 있다고 한다. 미국 출신의 수녀님은 본디 오페라 가수로 활동하다가 1950년 수녀원에 들어가기 위해서 이탈리아로 왔고, 그때부터 선종에 들기까지 44년 동안 수녀원의 봉쇄 구역에서 한 걸음도 나오지 않았다고 한다.

---

\* Camaldoli, 카톨릭 베네딕토회 수도회의 독립지회인 카말돌리 은수자회(隱修者會) 수도원으로, 1023년 베네딕토회의 성 로무알두스(Saint Romualdus)가 세웠다. 이탈리아 중부 토스카나주(州) 아레쪼(Arezzo)라는 도시의 최정상 해발 1,100m에 자리한 아펜니노 산맥의 원시 삼림지대 안에 위치해있다. 카말돌리회는 수도원과 은둔처를 하나로 연결해 숨어서 도를 닦는 고독한 은수(隱修) 생활을 하는 수도원이지만, 베네딕투스 성인의 규율인 'ORA ET LAVORA(기도하라 그리고 일하라)'를 실천하는 공동체적 수행도 병행하고 있다.

수녀님의 방에는 평상시에 허리에 두르던 가시복대와 회초리가 남아 있는데, 그 도구를 사용해서 잠을 쫓아내고 두문불출杜門不出하면서 평생을 걸쳐서 오로지 두 가지의 소원을 기도하였다고 한다. 하나는 바티칸을 비롯한 모든 교회가 위기를 극복하고 안정을 구축하는 것과 또 다른 하나는 수녀님이 기도를 시작하던 즈음에 같은 민족끼리 같은 나라 안에서 전쟁하며 서로를 살상하며 맞서 싸우던 불행하고 가난한 나라, '한국'이 전쟁과 가난을 끝내고 안정과 행복을 이룩하는 것이었다고 한다.

소설가 공지영 씨가 쓴 《공지영의 수도원 기행 2》를 읽다가 접한 이 대목은 나에게 전신을 휘감는 충격과 감동을 주었다. 44년이라는 긴 세월 동안 자신이 머물던 좁은 방에서 한 발자국도 나오지 않았다는 것도 믿기 힘들 정도로 충격이었는데, 생면부지生面不知의 머나먼 나라에 한순간도 마주칠 일이 없던 사람들의 이익과 안락安樂을 위해 일생을 바쳐 기도했다는 것은 출가 수행자인 나로서도 쉽게 상상할 수 없었기 때문이다.

나자레나 수녀님의 삶은 말 그대로 지난至難한 삶이라고 할 수 있다. 지극히 고되고 어렵고 힘든 길을 수녀님만의 올곧은 신념으로 일생을 바쳐 걸어가신 것이다.

나자레나 수녀님에 대한 일화는 그 자체가 충격과 감동이다. 그 충격과 감동이 휘감고 지나간 자리에 남은 진한 여운은 아무리 사소하고 작은 것이라 해도, 전혀 사소하거나 작은 것이 아니라는 '일미진중함시방 一微塵中含十方**'이 지닌 뜻이 각인처럼 다가왔다.

오늘날 당연하게 우리가 누리고 있는 풍요와 안정과 행복에는, 우리가 미처 알아채지 못한 미진微塵처럼 작고 소소한 마음이 간절한 소원이 되어 이루고 말겠다는 정성어린 기도와 노력의 결실이 담겨있다고 봐야 할 것이다. 눈에 보일 듯 말 듯한 먼지처럼 작은 티끌이지만 하나의 미진이 없다면 미진이 속한 시방十方도 완전무결할 수 없을 것이다.

온전한 시방이 완성되는 데에는 미진의 역할이 절대적인 요소이며 조건이 된다. 그러므로 시방의 입장에서 보면 미진은 절대로 작고 소소한 것이 아니라, 시방을 존립하게 하는 고맙고 대단한 존재가 된다. 미진을 미진이라고 느끼는 것은, 미진이 빚어내고 갇혀있는 일방적인 견해에 지나지 않다.

미진이 시방을 포함한다는 것은 작은 부분이 전체를 구성하고 결정짓게 된다는 의미이며, 커다란 전체를 좌우하는 영향력은 미진이라는 보이지 않는 부분에 속해 있다.

우리가 전혀 알지 못했고, 알려고도 하지 않았지만 지구 반대편 어느 작고 초라한 방 안에서는 편안한 휴식조차 포기하면서, 잠자는 시간까지 우리를 위한 기도로 헌신하신 나자레나 수녀님이

----
** 의상 대사가 화엄사상을 요약한 법성게 구절

있었다. 그 분의 애절한 정성은 우리가 누리는 행복과 안정에 충분히 영향을 미쳤을 것이라고 믿는다.

어디 나자레나 수녀님 한 분뿐이겠는가. 직접 보지도 못하고 들을 기회가 없어서 우리에게 이름이나 자취가 알려지지 않았더라도, 자신의 안위安慰는 돌아보지 않고 가족과 민족과 나라를 위해서 지고지순至高至純한 삶을 택하셨던 수많은 분들의 노력과 희생이 그 바탕이 되고 터전이 되었다는 것을 새겨야 한다.

어려운 상황 때문에 힘들어하는 누군가에게 든든한 의지와 힘이 되어줄 수 있는 능력이나 재력을 갖추지 못한 자신을 초라하게 여기거나 부끄러워하지도 말아야 한다. 상대방을 위해 진심에서 우러나온 따뜻한 위로와 덕담 한마디가, 고난을 해결하고 벗어나기를 빌어주는 기도의 순간이, 미진으로 작용되어서 안락과 성공의 요인이 된다.

덕담과 축복이라는 찰나의 미진에는 행복과 평안을 완성함과 동시에 그것이 영원토록 지속되는 물리적이며 시간적인 시방이 모두 담겨 있는 것이다. 그러므로 사소한 몸짓, 무심한 한마디, 무의미한 눈길까지도 조심하고 삼가면서 행주좌와行住坐臥 어묵동정語默動靜\*\*\*의 위의威儀와 언행을 단속하고 조율해야 한다. 아무리 사소

---

\*\*\* 걷고, 머물고, 앉아있거나 누워있을 때, 말하고, 침묵하고, 움직이거나 가만히 있을 때 즉, 일상

한 행동과 언행이더라도 그것이 곧 '나'라는 개인을 드러내는 동시에 내가 속한 가족이나 집단을 대변하기 때문이다. '나'라는 개인의 소소한 언행이 미진이 되어서 내 가족이나 내가 속해있는 집단을 표출하게 된다는 것이 또 다른 일미진중함시방의 의미이다.

나의 거동과 언행은 언제든 '나' 한 사람으로 귀결되지 않는다. 나는 부모와 가족을 대변하고 있으며, 내가 속한 학교나 직장과 같은 집단으로 확대되는 단초端初가 되는 대단하고 중요한 존재인 것이다. '나 하나쯤이야' 하면서 함부로 행동하거나 자신을 보잘 것 없다고 여기는 것은 곧 '나'를 미진으로 구성되어 있는 전체를 부정하는 것과 다르지 않다.

한 점의 티끌에도 시방이라는 공간이 포함되어 있다는 어마어마한 이치를 논리적으로만 접근하다 보니까 제대로 실감을 느끼거나 이해하지 못한 부분이 없지 않았다. 그러나 감동적인 일화를 계기로 아무리 작은 것도, 아무리 초라한 것도 결코 작은 것이기만 하지 않으며, 나아가서 작은 것을 바탕으로 전체가 결정된다는 구절은 결국, 작은 것과 초라한 것이 곧 거대하고 아름답고 위대하다는 것을 강조하는 관점에서 다루어져야 마땅하다는 것을 알아차릴 수 있다.

---

생활의 모든 순간순간을 말한다.

경전을 공부하고 대하는 후학들은 시야와 안목의 폭을 한없이 넓혀가서, 그 의미와 뜻을 확대하고 확장하여 자구字句에만 의존한 해석에서 진일보하여 시대에 순응하는 의미로 재해석하기를 당부하고 기대한다. 한문의 자구字句에만 잡혀서 그 의미를 한정하는 낡고 고착된 자세를 뛰어 넘어서, 활발발活潑潑한 기세로 이해의 폭을 넓혀가길 가야산 희랑대에서 발원한다.

## 심청정국토청정 心淸淨國土淸淨
## 내 한마음으로 온 세계를 밝히리

과보果報는 정보正報와 의보依報로 나뉜다. 환경에 의지하여 살아가는 사람을 정보라고 하고, 정보가 의지하고 살아가는 환경과 세간을 의보라고 한다. 의보의 의依는 의지한다는 뜻이며, 보報는 과보라는 뜻이다. 정보는 정인正因의 업보로서 수생受生하는 신심身心을 가리킨다.

의보를《화엄경》에서는 '세계해世界海'라고 표현한다. 따라서 세계해란 우리의 생활환경을 가리키는 것이며, 우리들은 세계해에 의지하여 살아가는 존재이다. 보살의 안목에서 보자면 온 우주 법계法界가 바로 세계해이다.

정보가 의지하고 살아가는 환경이 의보이며, 이러한 의보를 청정하게 장엄하는 것도 역시 정보에 의해서 이루어진다. 의보를 청정하게 장엄하는 정보는 보살의 경계에 올라선, 보살행과 보살도를 완성한 정보일 것이다.

그것을 일러서 일체보살一切菩薩 엄정국토원력嚴淨國土願力, 모든 보살들의 국토를 청정하게 장엄하려는 원력이라고 말한다.

보살이라면 어떻게 하더라도, 자신의 온 힘을 기울여서 의보인 환경을 좋게 하고 세상을 아름답게 하려는 원력을 실행한다. 그러한 원력에 의해서 이 세상은 더울 때가 되면 덥고, 비가 올 때가 되면 비가 오고, 눈이 내릴 때가 되면 눈이 내린다. 시원할 때가 되면 시원해지고, 추워질 때가 이르면 추워지게 된다.

억지로 힘을 쓰거나 굳이 조작하지 않더라도 때가 되면 저절로 덥고, 비가 오고, 시원해지고, 추워지고, 눈이 내리는 것은 보살들이 국토를 청정하게 장엄하려는 원력에 의한 것이다.

우리가 사는 환경과 처해진 조건들을 이렇게 해석하고 이해한다면 이상 기온이나 지진이나 해일 등으로 피폐해진 의보에 대한 책임과 의무가 정보인 우리에게 있다는 것을 통감해야 하며, 허물어진 자연과 환경을 회복하고 보존하기 위해 솔선수범하려는 원력을 발휘해야 마땅하다. 그것이 바로 일체보살의 엄정국토원력을 순순히 따르는 수행이기 때문이다.

원력이란 우리가 존재할 수 있는 생명력이다. 희망과 기대와 원력이야말로 살아가는 보람이 되고, 활발발活潑潑하게 용솟음치는 원동력으로 작용하게 된다.

한 사람, 한 사람 모든 정보에 대한 기대와 무한한 가능성을 명심해야 한다. 아무리 명색名色이 없고, 보잘 것 없고, 별 볼일 없는 사람이라고 해도 그 사람이 지금 여기에 존재하기 위해서는 헤아릴 수 없이 많은 인연들이 작용하고 바탕이 되었기 때문이다. 그렇기 때문에 과보인 것이다. 사람만 그런 것이 아니라 꽃 한 송이, 풀 한 포기들까지도 역시 태양과 바람과 빗물 등 무수無數한 인연에 의해서 비로소 지금 여기에 존재할 수 있게 된 것이다.

이러한 가치를 제대로 안다면, 정보에 대한 무한한 가능성과 기대를 품지 않을 수 없다. 황폐해진 의보를 회복시키는 것도 정보에 의해서 이루어질 수 있으며, 그것이 바로 정보에 의한 엄정국토, 국토를 청정하게 장엄하는 의지이며 용맹력勇猛力이다.

한마음이 청정하면 온 세계가 청정하다는 심청정국토청정心淸淨國土淸淨의 명제는 여기에서 비롯된다. 국토를 청정하게 장엄하려는 의지와 원력을 지닌 정보의 마음에서 국토를 청정하게 하려는 온갖 행동이 실천되는 것이며, 이러한 실행에 의해서 의보인 온 우주법계와 세계해가 청정해지게 되기 마련이다.

결국 의보를 청정하게 장엄하는 것은 정보인 우리에 의해서 가능하게 되며, 이처럼 세간과 법계를 장엄할 수 있는 원력과 능력을 지닌 정보야말로 진정한 보살이며 진솔한 부처라고 해야 마땅할 것이다. 또한 자유자재한 주체로서 의보의 진정한 주인으로서의 지위를 확립하는 방편이기도 한 것이다. 이것이 바로 임제臨濟 ?~867 선사가 말씀하신 수처작주隨處作主 가는 곳마다 참된 주인이 된다면, 입처개진立處皆眞 서있는 곳이 모두 진리의 도량이 되리라의 이치이다.

정보로서의 주체성을 확고하게 정립하면 어떤 경계, 어떤 순간에도 자타를 분별하지 않고 흔들리지 않는, 모든 의보를 향하고 위하는 동체대비심同體大悲心을 유지하고 시현示現하는 수처작주와 입처개진의 경지에 이르게 될 것이다.

추수와 수확으로 여념이 없이 분주한 농부의 손길에는 새삼스레 의보에게 끝없이 감사하는 마음이 깃들어 있는 것과 같이, 만산홍엽滿山紅葉에 감격하는 것도 역시 의보를 향한 기쁨과 찬탄의 표현일 것이다.

내 자신을 정보라고 한다면, 나를 둘러싼 모든 인연과 가족과 주위와 이웃이 모두 의보일 것이다. 내가 의지하고, 나를 의지하고 살아가기 때문이다. 그렇다면 환경과 세간과 세계해에 의지하고 감사하는 것에 못지않게 나와 맺어진 주변의 모든 인연과 존재들에게 감사하는 것이 정보로서의 주체성을 확립하는 첫걸음이 될 것이며, 마음을 청정하게 맑히고 가꾸는 지름길일 것이다.

금수강산을 장엄한 단풍의 행렬로 청정한 국토를 음미하는 마음이 환하게 밝아지는 것을 보고 있노라면, 심청정국토청정이기보다는 국토청정심청정이 합당하지 않을까 하는 우문愚問이 자라난다.

희랑希朗 스님과 희랑대希朗臺
## 세상을 구하고자 하신 대원력이 펼쳐지는 도량에서
## 희랑 스님을 추모하며

전하는 기록에 의하면, 희랑 스님은 신라 진성여왕 3년에 거창군 성기聖基에서 출생하였으며 성姓은 주朱씨이고, 15세에 해인사로 출가하였다고 한다. 스님이 태어난 시기는 신라의 하대下代, 780~935에 속하는데, 이 시대는 궁예와 견훤 등의 주도 아래 수없이 일어난 반란으로 신라는 국가적인 통치력을 잃고, 혼돈과 위기로 나라 전체가 불안한 상황이었다.

희랑 스님이 출가한 해인사는 창건주인 순응順應과 이정利貞의 뒤를 이은 결언決言과 최치원의 친형인 현준賢俊의 활약으로 신라말 화엄종華嚴宗의 중심 도량道場으로 면모가 굳건한 곳이었다. 결언과 현준은 화엄경 결사華嚴經結社와 종남산엄화상보은사회終南山儼和尚報恩社會 등을 조직하고 주도하면서 왕실과 밀접하고 돈독한 관계를 유지하게 된다. 이처럼 최치원의 친형인 현준 대덕大德이 해인사에 머물고 있었다는 것은, 당시의 해인사가 중요한 위치에 있었음을 나타내는 동시에 현준이 당시의 왕권과 깊이 맺어져 있었음을 뜻한다고 볼 수 있다. 이처럼 왕실과 밀접한 관련을 맺었던 현준 대덕은 후삼국으로 나뉜 한반도 정세가 격변하는 시기에 화엄종단을 이끌어 갈 수 있는 기반을 마련한다.

15세에 해인사로 출가한 희랑 스님은 현준의 영향을 가장 많이 받았다. 이러한 경향은 신라 말인 930년 경에 승통僧統 희랑 대덕이 해인사에서 고려 태조 왕건을 도와 전쟁에서 승리하게 한 공功으로 왕건의 복전福田이 되고, 나아가 고려의 왕권과 밀접한 관계를 맺고 태조의 희사喜捨로 해인사를 크게 중창하기에 이르게 된다.

당시 해인사는 후백제에서 신라에 이르는 중간지역에 위치하고 있어서 군사적 전략 요충지대에 놓여 있었기 때문에 해인사 부근에서 크고 작은 전투가 많이 벌어졌다. 해인사와 멀지 않은 팔공산에서 견훤과의 일대 전투를 벌인 왕건은 휘하의 신숭겸과 김락 등 많은 장수들을 잃고 패배한 후 자신도 사지死地에서 간신히 탈출하는 곤욕을 치르게 된다. 자신의 목숨이 위태로웠음은 물론, 오른팔과도 같았던 신숭겸을 비롯해 장수들을 잃은 정신적인 허탈감을 떨칠 수 없었던 왕건은 희랑 스님을 통해 불교에 귀의하여 용기와 각오를 다졌다. 이를 계기로 희랑 스님은 왕건의 존사尊師로서 고려 건국을 돕게 되었고, 국가적인 신임과 후원을 받아 해인사를 크게 중창하기에 이른다.

희랑 스님과의 인연으로 불교에 귀의한 태조 왕건은 광종에게 내린 훈요십조訓要十條*의 첫머리에 '우리나라의 대업은 반드시 모든 부처님의 보호와 지켜주심에 힘입은 것이다─曰我國家大業 必資諸佛護衛之力'라고 천명하면서 후대가 불교에 귀의하여 믿고 받들 것을 부촉하였다.

희랑 스님이 입적한 후에 광종은 '해인존사海印尊師 원융무애圓融無碍 부동상적不動常寂 연기상유緣起相由 조양시조照揚始祖 대지존자大智尊者'라는 시호諡號를 내렸는데, 여기에는 해인사로 출가하여 거주하면서 신라말에는 승통僧統으로 주지住持하였으며, 고려초에는 국왕의 존사尊師로서 건국建國에 일조一助하였고, 화엄과 선禪을 원만하게

---

* 왕건은 원래 후고구려 궁예의 부하였지만 918년 신하들의 추대를 받아 궁예를 쫓아내고 고려를 건국하였다. 고려를 건국한 후 후삼국시대는 고려, 후백제, 신라의 경쟁으로 이어졌고, 왕건은 최후의 승리자가 되었다. 분열의 시대를 끝내고 통일의 서막을 연 왕건은 '취민유도(取民有度)', 백성을 수취하기 위해서는 법도가 있어야 한다는 정치적 비전을 제시하고 백성의 세금부담을 덜어주었다.
또한 유훈(遺訓) 형식으로 후세가 지켜야 할 10가지 조목의 지침을 만들었는데, 이것이 '훈요십조'다. 훈요십조는 〈고려사〉 등에 그 내용이 전한다. 중요한 내용을 살펴보면 1조에 불교의 힘으로 나라를 세웠으므로 사찰을 빼앗지 말 것, 2조에 사찰을 지을 때에는 도선의 풍수사상에 맞게 지을 것, 4조에 거란은 언어와 풍속이 다른 짐승과 같은 나라이므로 거란의 제도를 따르지 말 것, 6조에 연등(燃燈)의 불교행사와 하늘과 산천에 기도 올리는 팔관(八關)행사를 성실히 지킬 것, 7조에 간쟁(諫諍)을 따르고 참언(讒言)을 멀리하여 신민(臣民)의 지지를 얻을 것, 8조에 농민의 요역과 세금을 가볍게 하여 민심을 얻고 부국(富國)과 민안(民安)을 이룰 것, 10조에 경사(經史)를 넓게 읽어서 옛날을 거울로 삼아 현재를 경계할 것 등이 규정되어 있다. 전체적으로 훈요십조는 고려가 불교 이념을 바탕으로 출범한 국가이며, 연등회와 팔관회 등 전통을 유지 계승하고, 세금 부담을 가볍게 해서 백성의 지지를 얻을 것을 강조하였다.

포용包融하면서도 화엄종의 중심 인물로 화엄종찰인 해인사를 중창하였고, 고려시대에 불교가 국가적인 숭상과 후원을 받아 제세濟世의 역할을 다하도록 하여 화엄의 사상을 빛낸 조사라는 희랑 스님의 업적이 담겨 있다.

　　이처럼 화엄종의 대종장大宗匠이며, 해인사 중창의 대공덕주大功德主이자 고려 태조의 복전福田으로서 명성을 높인 희랑 스님께서는 나반존자**를 본사本師로 수행하였다. 현재 희랑대 독성전 옆의 바위에서 좌선삼매坐禪三昧에 드셨던 희랑 스님께서는 희랑대 주변의 산세와 삼면을 외호하고 있는 바위를 관망하시면서 나반존자가 소나무와 바위 사이로 자취를 숨긴松巖隱跡 지형과 흡사하다는 것을 알게 되셨으리라 추측된다. 이를 계기로 좌선하던 바위 옆에 소나무를 심고 나반존자를 모신 희랑대를 창건하신 것이다.

---

** 홀로 수행하여 깨달으신 성인이라는 의미에서 독성(獨聖), 혹은 독수성(獨修聖)이라고 하는 나반존자는 남인도 천태산에서 홀로 선정을 닦아 진리를 깨친 성인으로, 16아라한 가운데에 제일 먼저 거론하는 빈두로파라자(賓頭盧頗羅子), 빈두로존자(賓頭盧尊者)가 바로 나반존자(那般尊者)이다.
《대아라한난제밀다라소설법주경(大阿羅漢難提蜜多羅所說法住經)》에 의하면 빈두로파라자 존자는 길고 흰 눈썹을 지닌 부처님의 제자로 발차국 구섬미성에서 태어나 어린 시절에 부처님 교단에 출가하여 아라한이 되었다. 그는 신통력이 매우 뛰어났는데 왕사성에서 외도들에게 그 신통력을 자랑하다가 외도들로부터 비난과 조롱을 받게 되었다. 결국 석존으로부터 쓸데없는 신통력을 내보였다는 책망과 꾸지람을 듣고서 미륵불이 출현할 때까지 말세중생들을 제도하라는 명령과 부촉을 받았다. 이후 나반존자는 석존의 명을 받들어 석가모니 열반후 남인도 마리산에서 1천명의 아라한과 더불어 말세중생을 제도하게 되었다. 그 결과 말세중생들의 공양을 받는 대복전(大福田)이 되어 주세아라한(住世阿羅漢), 즉 이 세상에 머물러있는 아라한으로 불리게 되었다.

희랑대 독성전 옆은 희랑 스님께서 좌선하시던 안장 바위<sup>영덩이 바위</sup>와 정면으로 마주 보고 있는 노적봉, 그리고 동쪽의 백련암 방향의 바위 등의 세 바위가 중심축을 이루는 지형이다. 이것은 지장전의 호랑이가 앉아 있는 형세와 요사채 위에 제비가 집을 지어 알을 품고 있는 산세와 함께 소나무와 바위 사이로 자취를 숨겨서 천겁을 지내는 松巖隱跡千劫 나반존자의 게송偈頌을 대변하고 있다. 희랑대에 나반존자를 모시게 된 결정적인 요건이 희랑대를 둘러싼 산세와 형상이며, 희랑대 자체가 나반존자가 당신의 자취를 숨긴 도량과 다르지 않다고 할 수 있다.

희랑 대덕은 또한, 아미타불을 본사本師로 삼고서 세세생생 아미타불을 정대頂戴하여 모신 관음보살을 본받으신 의상스님께서 관음보살을 본사로 의지하며 세세생생 정대하여 모시기를 발원한 수행***을 수순隨順하였다. 나반존자의 도량인 희랑대에 존자를 모신 것을 계기로 희랑 스님 역시 나반존자의 수행을 따르고 흠모하면서 세세생생 본사로 모실 것을 발원한 것을 엿볼 수 있다. 그것은 역대의 모든 조사 스님들께서 비문과 영정 등의 자취를 남기신 반

---

\*\*\* 의상(義湘)스님 〈白花道場發願文〉
弟子生生世世 稱觀世音 以爲本師 如菩薩頂戴彌陀 我亦頂戴觀音大聖
제자는 세세생생에 관세음보살을 본사로 삼아 염불하면서 관음보살께서 아미타불을 정대하신 것처럼 저도 또한 관음대성을 정대하며 모시겠습니다.
정대(頂戴)란 머리 위에 올려둔다는 뜻인데, 이것은 항상 가르침과 자취를 기억하고 따르면서 생활하고 수행하겠노라의 의지와 각오를 상징하는 것이다. 머릿속에서 항상 잊지 않고 상기하는 것을 정대라고 표현한 것이다.

면 희랑 스님은 당신 스스로 비문과 영정 등의 자취를 허락하지 않으셨는데, 이것이 바로 자취를 숨긴 나반존자의 수행을 본받으려는 희랑 스님의 의지와 다르지 않다고 할 것이다.

그러나 비문이나 영정을 만류하신 희랑 스님의 유지를 어기지 않으면서도 흠모의 마음과 애끓는 그리움을 풀어내지 못한 후학들은 희랑 스님께서는 생각하지 못한 조각상을 조성하게 되었다. 이것이 바로 탱화의 진영으로 그 모습을 남기고 있는 다른 조사 스님들과 달리 오직 희랑 스님만이 유일하게 목조조상木造彫像의 진영을 남기게 된 까닭이다. 참으로 다행스럽고 소중한 일이 아닐 수 없다.

일설에는 이 조각상을 희랑 조사가 직접 조성했다는 전설이 있는데 이는 사실과 다르다. 이 상像은 스님께서 입적하시기 직전의 모습을 옮긴 것으로, 제자들이 스승을 흠모하는 애절한 염원을 담아 조성한 것으로 보여진다.

다시 생각하면 희랑 스님은 말세의 중생들을 제도하기 위해 당신 스스로 나반존자로 환생하려는 의지를 펼치고, 그 자취를 희랑대에 남기셨다는 것이 살아갈수록 새삼스러워진다.

희랑스님께서 나반존자를 본사로 모시며 수행하며 창건하신 도량을 지키고 살피는 감원監院으로서, 희랑스님을 정대하며 유훈을 본받고 따르는 후예로서 부족함이 없는지, 먼저 자신을 살피고 점검하고 경책하는 것을 나름 수행의 중점으로 둔다.

중도中道 무소유無所有 보시행布施行
## 세간을 여행하는 수행자修行者를 위한 필수품

행행본처行行本處
지지발처至至發處
아무리 다니고 다닌다 하더라도 늘 본래의 그 자리이며,
다다르고 다다른다 하더라도 결국은 출발한 그 곳이다.

지구별에 잠시 다니러 온 여행자라는 숙업宿業에 의한 것인지, 더운 데다 길기까지 했던 맹렬한 여름을 치러서인지, 굳이 사색의 계절이라는 가을을 들먹이지 않더라도 반복되는 일상을 잠시 미루어 두고서 잠시라도 길을 떠나는 나그네가 되어서 나를 뒤돌아보고 점검하는 기회를 가져 보기에 적당한 시절이다.

인생을 통찰한 어느 시인이 하늘로 돌아간다며 귀천歸天을 노래하고 마감한 것처럼, 내려오기 위해서 산에 오른다는 등산가의 말처럼, 짧게는 돌아갈 곳이 있어서, 돌아오기 위해서 짐을 꾸리고 떠나는 것이며, 일생의 기나긴 시간으로 미루어 짐작하자면 결국에는 왔던 그 곳으로 다시 돌아가기 위해서 한바탕 살아가는 것이 아닐까 싶다.

　　사람만 그런 것이 아니다. 수구초심首丘初心이라 하여 미물인 여우도 죽을 때에는 머리를 제가 살던 언덕 쪽으로 향한다고 하니 모든 생명과 존재에게 보편적으로 갖추어져 있는 성품으로 다시 돌아오기 위해서 길을 떠나는 방랑벽을 부정할 수 없다. 그렇기 때문에 어느 한 순간도 여행을 꿈꾸거나 계획하지 않는 삶이 없는 것이리라 생각하게 된다. 그런 인생과 삶에서 행행본처요 지지발처라는 정의는 감탄을 자아내는 맞춤한 표현이 아닐 수 없다.

　　여행은 보다 많은 접촉과 새롭고 낯선 경험을 통해서 시야를 넓히고 이해를 충족시키는 것을 목적으로 한다. 다른 사람과 다른 지역의 문화와 풍속과 형편을 이해하여 나의 식견識見을 확대한다면 소기所期의 목적을 충족하고 달성할 수 있을 것이다. 확이충지擴而充之, 자신의 직접적인 경험과 체험을 통해서 인식과 이해를 확대시키고 채우기 위한 것이다. 그러기 위해서는 유연한 사고와 포용적이고 넉넉하고 너그러운 마음가짐이 필수적이다. 또한 간소한 차림새와 최소한의 가벼운 짐을 통해서 보다 많은 경험과 문화를 느낄 수 있는 발품을 아끼지 않을 것이며, 마지막으로는 도움을 받거나 주는 것에 주저하지 않는 적극적인 자세와 대처가 필요하다.

잠깐 동안의 여행에서와 같이 인생과 삶의 여행에서도 확이충지를 위한 조건은 그대로 적용된다. 단기간의 여행이 아닌 몇 달, 몇 년, 몇 십 년의 기나긴 여정일수록 더욱더 단출한 차림과 홀가분한 마음과 생활이 절실하게 필요하다.

첫째, 유연한 사고와 포용적이며 너그러운 마음은 중도中道의 실천과 다르지 않다. 절대적인 선이나 절대적인 악은 성립할 수 없다는 이해를 바탕으로 유有와 무無, 생生과 멸滅, 증增과 감減, 구垢와 정淨을 편 갈라서 어느 한 쪽을 배제하고 배척하기보다는 존재의 입장에서 바라보고 받아들이는 것이 중도의 실천이다. 불생불멸不生不滅, 불구부정不垢不淨, 부증불감不增不減 등으로 부정에 부정을 거듭하는 것은 결국 하나하나의 입장과 각각의 관계를 있는 그대로 바라보고 받아들여야만 한다는 강한 긍정의 뜻을 내포하고 있는 것이다.

둘째, 여행을 떠나면서 간소한 차림새와 최소한의 가벼운 짐을 준비하는 것은 인생을 살아가면서 두타행의 지침에 입각하고 수순하는 검소하고 소박한 무소유無所有의 생활을 영위하는 것과 동일하다.

셋째, 도움을 받거나 주는 것에 주저하지 않는 적극적인 자세와 능동적인 대처로 자신의 시야와 이해의 지평을 넓혀서 도움이 절실한 지역과 사람들에게 서슴없는 혜택을 베풀어 주는 보시행布施行이야말로 최상의 여행을 성취하는 조건이다.

　　무소유로 일관된 진솔한 일생으로 맑고 향기로운 자취를 시현하시며 시대적인 스승이며 인도자이셨던 법정 스님의 검소하고 소박한 생활은 물론 죽음에 다다라서 본처本處로 회귀하는 자리에 이르러서도 격식과 겉치레를 벗어버린 단출하지만 당당한 본연의 모습이야말로 가장 소탈하고 멋지고 호탕한 여행자의 진면목眞面目일 것이다.

　　오랫동안 꿈꾸고 계획하며 준비해온 여행을 드디어 감행敢行하는 당신과 나에게 던진다, 가벼운 보따리와 넓은 마음과 깊고 따뜻한 손길이 내딛는 발걸음보다 더욱 중요하다는 것을.
　　여행을 마치고 돌아오는 길목에서는 가벼운 차림새와 보통이는 직접적이고 적극적인 체험과 접촉으로 풍성해질 것이며, 넓고 넉넉한 마음은 편견과 집착으로부터 벗어나 중도의 진리를 깨닫게 할 것이며, 깊고 따뜻한 도움의 손길은 자비로운 보시행으로 탄탄해 질 것이다.

　　무소유와 중도와 보시행은 행행본처 지지발처를 분명하게 보고 깨달은 나그네들의 살림살이이자 마음이며 행동이다.

담연불수어생사湛然不隨於生死
# 담담하라, 그리고 의연하라

겨울이 성큼 다가왔다. 쌀쌀하고 을씨년스러운 날씨와 함께 기운이나 체력도 움츠러들기만 한다. 삐걱대는 한 쪽을 겨우 추스르고 나면, 생각지도 않았던 저 쪽에서 시름시름 앓는 소리가 가시지 않는 것을 보자니 생로병사生老病死의 절대적인 괴로움을 반증하는 게 아닌가 하는 생각이 든다. 그리하여 생로병사의 고해苦海를 벗어나지 못하는 숙업宿業을 절절하게 느끼면서 늙음과 병고의 시절을 지낸다.

"몸에 병 없기를 바라지 말라. 몸에 병이 없으면 탐욕이 생기기 쉽나니, 그러므로 부처님께서 병고로써 양약良藥을 삼으라."

고 하셨다는 〈보왕삼매론寶王三昧論〉의 말씀이나 '무상無常과 덧없음의 절절한 체험으로도, 담담하고 담박하게 살아간다면 생生과 사死에 연연하거나 끄달리지 않으리라 담연불수어생사 湛然不隨於生死'는 말씀이 신선하게 다가오는 것은 추워진 날씨 때문만은 아닐 것이다.

봄에 움터 올라온 새싹은 여름에 자라나면서 작열하는 태양과 씨름하며 질적인 변화 과정을 거쳐 온전한 개체로 성숙하여 열매를 맺고, 개체로서의 삶을 정리하는 단계를 거쳐 겨울에는 다시 새로운 한 해를 준비하기 위해 지난 세월을 저장하는 생장화수장生長化收藏의 단계를 거치기 마련이다.

이처럼 하나의 씨앗 속에는 헤아릴 수 없는 무수한 생애가 새로운 생명과 결실을 준비하며 존재하는 것이다. 그러므로 생명은 아무 것도 없는 백지 상태에서 출발하는 것이 아니라, 지난 세상에서의 모든 결과의 연장선에서 시작되는 것이다. 싹을 내린 생명은 개체로 자라나게 되고, 개체의 모습을 갖추면 하나의 주체로서 적극적으로 환경에 적응하고 대응하면서 자신의 열매와 결실을 맺는다.

각자에게 맡겨진 다양한 환경과 조건 속에서 성장하고 열매를 맺었던 생명들은 가을을 보내고 겨울로 접어들면서 스스로의 삶을 나름대로 정리한다. 푸르던 잎은 단풍과 낙엽으로 바뀌고, 시든 가지를 정리하면서 자신의 모든 에너지를 거둬 안으로 저장하여 다시 새로운 봄과 생명을 준비하는 것이다.

열매를 맺거나 혹은 형형색색의 단풍으로 산천을 장엄하기 위해 모든 기운과 기력을 소진하고도 미미한 힘과 생명력을 자신을 위한 자양분으로 만들지 않고, 아직은 아득하기만 한 시절인 봄에 다시 시작될 새싹을 위해서 양보하고, 처연한 모습으로 겨울을 시작하는 숲을 바라보면서 생사에 끄달리지 않고 얽매이지 않는 담담하고 담박한 의지를 엿보게 된다.

존재하는 모든 중생은 생명이 시작되는 순간부터 이미 늙음과 죽음을 향한다는 사실을 부정할 수 없다. 우주는 성주괴공(成住壞空)*하고, 인간은 생로병사하며, 중생의 마음은 생주이멸(生住異滅)** 하면서 어느 한순간도 멈추어 있거나 변하지 않을 수는 없다는 것이 제

---

* 생성(生成)과 유지(維持)와 손괴(損壞)와 공멸(空滅)이 성주괴공이다. 자동차를 예로 들면 공장에서 차량을 만드는 것이 성, 자동차를 운행하는 것이 주, 차량이 점차적으로 노후되는 것이 괴, 결국 폐차하는 것이 공이다. 존재하는 모든 것들은 성주괴공의 범주에서 벗어나지 못한다.
** 우주가 성주괴공한다면 생명은 생주이멸을 따르게 된다. 태어나는 것이 생, 삶을 유지하고 살아가는 것이 주, 어린이와 청년과 장년과 노인으로 그 모습이 변하는 것이 이, 죽음을 맞는 것이 멸이다. 영원불멸하는 것은 오직 불법뿐이고, 그 외에 모든 것은 성주괴공하거나 혹은 생주이멸에서 벗어날 수 없다.

행무상諸行無常***이며 제법무아諸法無我****의 법인法印*****이다. 이처럼 변하는 것을 거슬러서 변하지 않으려는 것은 생사에 얽매이고 끄달리는 부질없는 탐욕이며 집착인 것이다. 그렇지만 그 속에서 변하는 것을 변하는 것으로 보는 지혜는 변하지 않는다.

　　생이란 흘러가는 한조각 구름이 허공에 일어나는 것과 같고 생야일편부운기 生也一片浮雲起, 죽음이란 흘러가는 조각구름이 바람결에 흩어지는 것사야일편부운멸 死也一片浮雲滅과 같다고 하였다. 정처 없이 떠다니는 구름처럼부운자체본무실 浮雲自體本無實, 우리들의 나고 죽음 가고 옴 또한 실답지 못한 것이다생사거래역여연 生死去來亦如然. 그렇지만 그 속에 끄달리거나 얽매임이 없이 언제나 한결 같은 모습을 잃지 않는 주인공이 있으니 독유일물상독로 獨有一物常獨露, 생사에 끄달림 없는 나고 죽음에 끄달림 없는 내 모습이 있다담연불수어생사 湛然不隨於生死는 것을

---

\*\*\* 모든 생명과 존재는 항상할 수 없다는 것으로, 모든 존재와 현상은 변하지 않거나 언제나 똑같이 않다는 것이다. 이 또한 지나가리라, 는 생각으로 슬픔과 고통을 다스리라는 것도 제행무상에 속하는 설명이다. 아무리 괴로운 순간도, 반대로 즐겁고 기쁜 순간도 결국 영원한 것이 아니다. 강물이 흘러가는 것과 같이 마음과 생각과 모든 존재와 현상이 한 순간도 똑같은 상태를 유지하지 못한다는 것이 제행무상이다.
\*\*\*\* 제행무상하는 이유는 제법무아이기 때문이다. 제법무아는 존재의 근거를 밝히는 설명으로, 모든 것은 인연의 화합에 의해서 이루어진 것이기 때문에 어느 하나를 '나'라고 내세울 수 없다는 것이다. 만약에 확실하고 고정된 '나'가 있는 것이라면 거기에서 변하거나 움직이지 말아야 한다. 아기가 '나'라면 그 모습으로 평생을 살아야 할 것이고, 청년의 모습이 확실한 '나'라면 청년에서 고정불변(固定不變)해야 마땅하다. 아기에서 노인까지 변한 모습이 모두 '나'인 것은 결국 어느 한 순간에도 고정불변하는 '나'라는 실체가 없다는 것이 제법무아이며, 이 것을 인정하고 체득해서 어디에도 집착하지 말 것을 의미한다.
\*\*\*\*\* 도장을 찍는 것처럼 확실하고 영원불멸한 진리가 곧 법인, 법의 도장이다. 도장은 자신을 확실하게 밝히는 수단이다. 그처럼 법인은 법을 확실하게 밝히는 것이고, 불교의 3법인은 불법을 확실하게 요약해서 드러내는 설명으로, 제행무상 제법무아 열반적정 등으로 불법을 대변하는 것이다.

잊지 말아야 한다.

남아 있는 모든 기운과 기력으로 다시 시작되는 새로운 생명과의 연결을 위한 토양이 되기를 주저하지 않는 겨울나무처럼, 모든 지혜와 정성을 기울여 중생과 보리를 위한 회향에 진력한다면 나고 죽음에 끄달림이 없는 진실한 주인공이 되어서, 모든 욕망과 집착에서 벗어나 담담하고 담박하게 살아간다면 생사에 연연하거나 끄달리지 않는 대자유의 자재로운 삶을 살아갈 것이라는 기대에 오래된 벗처럼 병고도 친숙해진다.

## 05
## 일상다반사 日常茶飯事

겨울 소식
## 얼어버린 바닥 아래 숨쉬는
## 봄의 생명력

겨울의 한복판이다.

삼한사온이니, 온난화의 기상이변이니 하는 말이 무색하리만치 연일 동장군이 맹위를 떨치고 있다. 뼛속까지 춥다고 형용하는 실감을 온몸으로 느끼게 하는 혹독한 산중山中의 겨울이다. 게다가 경제한파經濟寒波라고 하는 지구촌을 흔들어 대는 막강한 동장군까지 합세하니 산중의 추위쯤은 비교될 수 없을 만큼 험난하고 매서운 시절이다.

　　겨울산은 온통 적막하고 쓸쓸하여, 살아 숨 쉰다는 움직임이나 느낌을 찾아 볼 수 없다. 그저 을씨년스럽고 차가운 바람에 숨죽이고 가라앉아 그 깊이를 가늠조차 할 수 없을 지경이다.

그러나 얼어붙은 바닥에 손대고 귀 기울여보면 존재의 증명을 위한 안간힘으로 혹독한 추위를 치러내고 있는 삼라만상의 고군분투를 아스라한 체취이지만 느낄 수 있다. 어디 얼어붙은 대지뿐이겠는가. 이슬방울만한 봉오리를 싹틔우고 있는 매화나무 가지를 바라보자니 반가운 한편, 지난한 고통과 추위를 치러낸 저들의 심사에 가슴 한쪽이 싸해진다.

그런 한편으로는 추위를 이겨내고 자신의 존재를 증명하려고 혼신의 힘을 기울이고 있는 모든 존재들로 해서, 나도 덩달아 이까짓 추위나 시련쯤은 반드시 이겨내겠다는 의지와 각오로 단단하게 재무장한다.

겨울은 그저 얼어붙은 적막寂寞의 시절이 아니라, 생명이 움트고 자라나는 성장을 준비하는 미묘한 봄이기도 하다. 겨울은 한 해의 마지막이나 끝이기도 하지만, 다른 한 해의 처음이자 시작이기 때문이다. 끝과 시작은 이처럼 시간적으로나 공간적으로나 동일한 시점과 장소를 의미한다고 할 수 있다.

모든 존재를 구성하는 네 가지 요소로 지地·수水·화火·풍風의 사대四大를 설명한다. 그 가운데에 지地 땅을 살펴보면 처음부터 끝까지 오로지 땅의 성분으로만 이루어졌다고 할 수 있을까. 만약 땅이 순전히 땅의 성분으로만 이루어졌다면, 곡식과 나무와 온갖 꽃과 열매를 기대할 수 없을 것이다. 땅에는 화火의 더운 기운이 있어서 씨앗이 움틀 수 있는 것이며, 수水의 축축한 습기가 있어서 줄기가 자라는 것이며 또한 풍風의 서늘한 바람이 있어서 썩지 않을 수 있다.

　겨울도 이와 같다. 우리는 그냥 차갑고 매서운 겨울을 느끼지만, 겨울 속에도 봄의 강인한 생명이 자리하고 있다. 다만 겨울에는 겨울의 특징인 차갑고 혹독한 추위가 어떤 요소보다 더 왕성하게 그 기운을 뽐내는 것뿐이다. 사람을 대할 때도 이런 관점으로 상대를 바라보고 이해한다면 보다 원만한 대인 관계를 이룰 수 있다. 내가 저들에게 느꼈던 서운함이나 섭섭함만이 그들의 전부가 아니라 일부분에 지나지 않음을, 나아가서 나와 상대는 이미 서로의 한 부분이라는 것도 인정하는 넉넉함과 관용의 마음을 알게 될 것이다.

　'겨울이 아무리 추워도 단지 온통 춥기만 한 것이 아니다'라고 생각하면서 웅크린 어깨와 가슴을 조금이라도 펼 수 있기를 바라는 마음이다. 또한 맨몸으로 겨울을 치러내면서도 벌써 봄을 준비하고 있는 매화나무나 얼어버린 바닥 아래에서 새봄을 위한 기지개를 펴는 새싹들처럼, 새해와 봄과 여름과 가을을 위한 기도와 수행에 전력을 기울여보자.

　감인堪忍의 땅이라는 공간이야 그렇다고 하더라도 끝없는 시련으로 다가오는 시절까지, 지치고 고단한 나그네들을 위해서 누추하지만 시원한 감로수가 샘솟는 옹달샘을 하나 퍼서 올리려고 한다.

    부디 목마른 갈증쯤은 단번에 풀어내고, 나무 그늘에 잠시 앉으셔서 비탈과 언덕을 오르느라 힘겹고 무거운 발걸음도 달래주고, 맑고 서늘하게 불어오는 솔바람도 한 자락 맞으면서 숨차게 넘어가던 숨소리도 고르게 진정하며 한 숨 돌리기를 바라며 아직은 단단하고 차가운 바닥을 쓸고 털어낸다.

감경봉우 感慶逢遇
## 봄꽃과 연등이 전하는 반가운 기별

봄이다.
봄이 왔다.

　엄동장군 嚴冬將軍이 휘두르던 서슬 퍼런 맹추위는 간데없이 사라지고, 산천의 초목들은 저마다 차려입은 새 옷을 한껏 뽐내고 있다. 노랗게 혹은 붉게, 더러는 흰 빛깔로 군락을 이룬 꽃무리가 각양각색으로 산천을 물들이고 장엄한다. 꽃들이 때를 맞춰 차려 놓은 화려한 잔칫상을 감상하자니 말 그대로 감경봉우 感慶逢遇이다.
　시절 인연이 다시 찾아와 만나는 것이지만 생전에 처음이듯 새삼스레 감격스럽고 경사스러움을 금할 수 없다.

더더욱 사월 하고도 초파일, 부처님께서 우리에게 오신 뜻을 받들어 그날을 축하하기 위한 채비로 도량은 물론 도시와 한적한 골짜기까지 곳곳이 연등으로 장엄된 절경과 어우러진다. 산하에 존재하는 유정무정有情無情의 중생까지도 저마다의 열정과 정성을 기울여 부처님의 탄신으로 성사된 부처님과의 만남을 감탄하고 경축해 마지않는 모습을 바라볼 때마다, 과연 감경봉우의 시절이구나 하는 탄성이 저절로 터져 나온다.

시야를 조금 돌리고 넓히자면, 연등과 봄꽃들이 저마다 화려하게 장엄하는 경치에 마냥 잠겨있기가 불편한 심사心思도 없지 않지만, 숱한 역경과 고난을 치러낸 강도와 비례하여 넘실대는 연등과 봄꽃들의 자태를 따라 해마다 맞이하는 부처님과의 조우에 대한 기대가 새롭고도 각별하게 솟구쳐 오르는 것을 숨길 수 없다.

해마다 펼쳐지는 장관이고 일 년에 한 번은 볼 수 있다는 사실을 모르진 않지만 혹독한 시련의 기간을 이겨내고 저마다의 자태를 연출하는 꽃들과의 만남이 마냥 감격스러운 것은 오래지 않아 그 찬란한 아름다움이 스러져버리게 된다는 것을, 그리하여 오랜 시간 함께하거나 지속될 수 없는 잠깐 동안의 조우에 그친다는 것을 알기 때문이다.

잠깐 스치듯 만날 수 있는 것이 어디 봄철의 꽃뿐이랴.

함께 살아가는 가족과 친구와 이웃은 물론, 존재하는 모든 생명들과의 만남 역시 영겁永劫의 시간에 견주자면 찰나의 순간에도 미칠 수 없이 짧기만 하다. 봄날의 화사함이야 내년이면 다시 볼 수 있겠지만, 사랑하는 존재와 생명들에게는 지금 함께하는 순간 이후의 만남에는 1년은커녕 당장 내일의 보장이나 기약을 그 누구도 장담할 수 없을 것이다. 모든 만남과 모든 인연에 반드시 '감경봉우'해야만 하는 이유가 바로 이것이며, 감사하고 기뻐하는 마음과 자세로 모든 생명과 모든 존재를 응대하고 섭수攝受하는 것이야말로 미련이나 회한이 없는 삶을 살아가는 최선의 방책이자 대안이라고 할 수 있다.

나와 함께하거나 혹은 스치듯 지나치는 모든 인연들에게 감격하고 기뻐하는 순간마다 나 역시 그들에게 기쁨과 감동을 주고 있는지, 기쁨이나 감동은커녕 실망이나 회의만을 안겨주는 것은 아닌지 고민하고 성찰하면서 끊임없이 점검하고 노력하는 것이 감경봉우에 담겨 있는 깊은 의미이다.

그러므로 모든 만남에 기쁨과 감동을 하고, 나와 함께하는 모든 만남들에게 기쁨과 감동을 주는 것이 바로 감경봉우, 감격하고 기뻐하는 만남이다.

인신난득人身難得이며 불법난봉佛法難逢이라, 사람의 몸을 받아 태어나기 어려운데다가 부처님의 법을 만나기도 힘들다는 말이다. 출가사문의 길을 걷고 있는 나는 사람으로 태어나 부처님의 법을 만나서 믿고 이해하려 노력하면서 깨달음으로 향하는 수행을 실천할 수 있게 된 데 대해 꿈속에서도 한없이 기쁘고 감사하다.

'지금의 나'는 숙세宿世의 선근공덕善根功德으로 빚어졌다는 것을 항상 유념하여 더없이 귀중한 존재라는 긍지와 자부심을 갖고, 모든 만남의 순간순간마다 감격하고 기뻐하면서[感慶逢遇] 능동적이고 적극적인 삶의 자세를 지니고 대하는 것이 당연하고 마땅하다. 이렇게 감격하고 기뻐하는 사람이라면 스치는 한 줄기 바람이나 지나치는 한 포기 풀잎까지도 모두 소중하고 귀하게 여길 것이며, 나아가 무심히 마주보는 눈길을 배려하고, 도움을 청하며 내미는 수줍은 손길을 주저하지 않고 맞잡아 편안하고 안락한 경계로 이끌어 인도할 것이다.

시간적으로나 공간적으로나 함께 살아가는 것만으로도 지중至重한 인연이지만 자비와 지혜의 가르침을 수순하며 나보다 이웃을, 내가 아닌 다른 사람과 모든 존재와 생명을 존중하고 배려하는 마음을 최상의 이념과 가치관으로 동일하게 받아들이고 이해하며 인생을 함께 한다는 것은 사고思考나 필설筆舌로 측량하거나 전할 수 없는 심오한 경지가 아닐 수 없다.

날이면 날마다, 함께하고 마주하는 순간마다 감사하고 기뻐하는 것에 그치지 않고, 보다 적극적이고 능동적인 반전을 향한 전개로 나를 보고, 나와 만나는 모든 생명 모든 존재들이 화사한 봄꽃을 볼 때와 마찬가지로 기쁘고 흐뭇해지는 것은 물론이고, 나아가서 나와 함께하는 잠깐의 순간만이라도 세상살이의 모든 시름과 근심과 고통을 훌훌 벗어버리고 털어낼 수 있는 견아형자득해탈 見我形者得解脫의 경지를 지향하는 첫 단계라는 것에 바로 감경봉우의 참된 의미가 깃들어 있으리라.

봄꽃들이 저마다의 정토를 건설하여 화사한 봄소식을 전해주듯이, 부처님의 탄신을 봉축하는 연등의 물결이 무수한 재난과 사고로 얼룩진 사바의 어둠을 밝히고 온갖 시름과 근심으로 찌들고 흐려진 우리네 마음을 맑혀 주는 것을 본받아서 나와 함께 하는 모든 생명들에게 감동과 기쁨을 전파해야 한다는 것, 이것이 바로 봄꽃과 연등이 전하는 기별이다.

용문龍門과 불문佛門
## 개천에서 용 나기도 어려운데
## 부처되기는 그리 쉬울까

용문이란 등용문登龍門으로 잉어가 등용문을 통과함으로써 용이 되고, 만약 통과하지 못하면 이무기로 전락해 버린다는 전설적인 통과의례를 가리킨다. 중국 황하 강 상류의 하진河津이란 지역에 전해 내려오는 일화로, 하진은 황하 상류 작은 마을 이었는데 용문이라고 불리었다. 이곳은 그 근처에 급류가 흐르고 있어서 배가 다닐 수 없었고 그 밑으로 큰 고기들이 수없이 모여 들었지만 거센 급류 때문에 강을 거슬러 오르기가 무척 힘들어서 만약 오르기만 하면 용龍이 되었다고 한다.

《후한서後漢書》〈이응전李膺傳〉에 의하면 후한시대의 당상관

이응李膺은 당시 권력을 장악한 환관들로 인해 충신들이 힘과 뜻을 제대로 펼치지 못한 시대의 사람이지만, 환관의 위세威勢에 조금도 눌리지 않고 자신의 의지와 주관을 꺾지 않았던 인물로 칭송되었다. 이처럼 이응은 모든 관리들로부터 인정을 받는 것에 그치지 않고 후생後生인 젊은 관리들까지 이응을 일컬어 득세한 환관들의 힘과 권세에 위압되지 않는 기백이 대단한 것이 마치 용문에 올라간 것과 같다고 찬탄하였다고 한다.

권력과 불의에 움츠리지 않고 소신과 정의를 실현하거나, 물고기가 용으로 승천昇天하기 위해서는 반드시 용문을 뛰어 올라야만 하는 것처럼, 중생이 불보살의 깨달음을 성취하고 완성하기 위해서는 반드시 불문佛門에 의지하고 수행하여야만 가능하다.

불보살의 깨달음覺 · 悟이란 보리菩提이며, 보리는 결국에 자비와 지혜를 원만하게 구족具足함으로써 실현된다. 그러므로 자비는 보리의 실천적이고 현상적인 측면이며, 지혜는 보리를 이상적이고 이론적으로 설명하는 지침과 다르지 않다. 다시 말하자면 보리를 사事적인 입장으로 관찰하는 것이 바로 자비이며, 보리를 이理적인 방향으로 논하는 것이 지혜이다.

이와 같은 보리의 두 가지 측면을 우리들에게 배대하자면 자비란 마음이고 손길이며, 지혜란 정신이고 머리이며 두뇌에 해당한다고 할 수 있다. 자비와 지혜를 구족하지 않았다면 원만하고 완전한 보리를 증득하였다고 할 수 없는 것과 마찬가지로, 마음과 정신이 올바로 갖추어지지 않았다면 보편적인 의미에서의 원만한 인격과 성품을 지녔다고 볼 수 없기 때문이다.

통상적으로 건강한 정신에서 건강한 생활과 삶이 비롯된다는 명제는 마음보다는 정신을 더욱 강조하기 위한 주장이다. 반면에 마음이 따뜻해야 사람이지, 머리만 좋다고 사람인가 라고 생각할 때에는 머리나 정신보다는 마음과 손길이 더욱 중요하다고 인식하는 입장이다.

머리는 좋은데 공부나 노력을 하지 않거나 혹은 훌륭한 목표와 원대한 뜻을 마음에 품고 있기만 하고 목표와 뜻을 이룩하고 펼치기 위해서 아무런 노력도 실행하지 않는다면, 뛰어난 머리는 물론 훌륭한 목표와 원대한 이상까지 모든 것이 아무런 소용도 없고 아무런 가치도 없게 되고 만다.

그렇지만 머리는 뛰어나지 않더라도 부지런히 노력하고 열심히 공부한다고 한다면, 근면과 성실한 노력이 우수한 머리보다 더욱 중요하고 소중한 가치라는 것을 알 수 있다. 또한 마음속에 간직하고 있는 훌륭한 목표와 원대한 뜻을 이루고 실현하기 위해서 불철주야로 각고의 노력을 기울인다면, 설령 목표나 이상을 완전하게 성취하지는 못하더라도 인생의 의미와 존재의 가치라는 소정의 성과를 거두게 될 것이다. 물론 명석한 두뇌로 열심히 공부하거나 목표와 이상을 향해서 부지런히 노력하는 것이 최상의 여건이지만, 어떤 것이 더 의미가 있을 것인가를 선택하자면 우수한 두뇌나 훌륭한 목표보다는 열심히 노력하는 근면하고 성실한 태도와 자세가 더욱 중요하다고 보아야 한다.

불교적인 근면 성실이란 바로 근수역행勤修力行 부지런히 닦고 온 힘과 정성을 기울여서 실행하는 수행을 가리키며, 이러한 수행의 첫 번째 단계는 자비이며 보시라는 것을 아무리 강조하더라도 지나치지 않다.

무슨 이유와 어떤 관점에서 자비와 보시를 실천해야만 하고 할 수 밖에 없는 것인가에 대해서 철두철미하게 이해하는 것이 바로 지혜의 참된 실상이다. 그러므로 자비와 보시를 근수역행하는 참된 의미와 가치를 이해하고 체득한다면, 중생을 응대하는 무한하고 무량한 보살심과 보리심이 솟아나게 될 것이다.

보리, 깨달음을 향해서 나아가는 도정道程에서 지혜에 치중하기 보다는 자비로운 보시행과 보살행을 더욱 중요하게 여기는 것이 대승불교의 관점이다. 지옥에서 일일일야一日一夜에 만사만생萬死萬生하는 무시무시한 고통을 치러내는 중생이 한 명이라도 남아 있는 한, 절대로 보리를 완성한 부처가 되지 않겠노라는 지장보살의 지극한 발원과 수행이 이를 대변한다.

마찬가지로 보살의 수행을 지향하고 수순하는 참다운 불자라면 머리나 두뇌보다는 마음과 손길을 중시하는 것에 주저하지 않을 것이다. 만일 단편적으로 지혜의 완성만을 추구한다면 대승의 보살이라는 본연의 위상을 상실한 것과 다르지 않다. 중생을 외면한다면 보살도 깨달음도 마침내 존립의 의미를 퇴색할 것이기 때문이다. 부처님께서도 중생을 위해서 무한하고 무량한 보시와 자비를 펼치려는 의지와 발원으로 사바세계에 화신化身을 나투셨음이 더욱 선명한 시절이다.

자비와 보시에 관한 이해와 실행으로 보리를 향하고 추구한다면, 용문을 거슬러 올라 용으로 승천하는 물고기처럼, 권세와 불의에 굴하지 않고 의지와 정의를 실현하는 현인賢人처럼, 불문佛門의 중심으로 박차고 들어가 마침내는 깨달음을 증득하고 불도佛道의 광명을 펼치게 되리라는 것을 확신한다.

## 생사대사生死大事의 해결
## 나고 죽음에 의연할 수 있기를

주마가편走馬加鞭, 달리는 말에 계속 채찍질을 하거나 박차拍車를 가하는 것은 최선을 다하여 열심히 하고 있는 일을 격려하고 더욱 부추기면서 용기를 북돋아주기 위함이다.

진정으로 지혜로운 말이라면 채찍의 그림자만 보고도 속력을 내어 달리게 될 것이며, 하루에 천리를 간다는 적토마에게는 애초에 채찍이 무용지물일 것이다. 채찍질을 당해야만 빨리 달려가거나 박차의 날카로운 송곳이 다리를 찔러야만 알아채는 것은 지혜가 없는 둔한 말이다.

참으로 지혜로운 사람은 자신과는 아무런 연관이 없는, 알지 못하는 누군가가 병들어서 죽었다는 이야기만 듣고도 생사를 두려워하며 생사를 해결해야겠다는 바른 생각과 신심을 일으켜서 수행하는 사람이다.

두 번째로 지혜로운 사람이란 죽은 사람을 화장터로 싣고 가는 장례 행렬을 목격함으로써 생사를 두려워하고 생사대사生死大事를 반드시 해결하겠노라는 의지를 다지며 공부하는 사람이다.

세 번째로 지혜로운 사람은 가족이나 친척, 친지의 죽음을 지척에서 보고 경험한 것을 계기로 생사를 두려워하여 바른 생각과 신심을 일으켜서 수행하는 사람이다.

네 번째로 지혜로운 사람은 자기 스스로가 늙고 병들어 고통을 받게 되어서야 비로소 생사를 두려워하게 되고 생사를 해결해야만 한다는 것을 느끼고서 공부하는 사람이다.

나는 과연 어떤 사람인가.

누군가가 병들어 죽었다는 이야기만 듣고도 생사가 무서운 것이며 태어난 이상에는 반드시 필연적으로 해결해야만 하는 것이라는 것을 알아차리는 수승한 근기根機는 되지 못하더라도, 길을 지나다가 스치는 영구차와 대면한 것을 기회와 인연으로 삼아 나 역시 머잖아 저런 신세가 될 것이라는 것을 알아차리고 올곧은 신심을 발하여 정진하는 슬기롭고 현명한 사람이라야, 사람으로 태어나 부처님 가르침을 만난 귀중한 인연과 은혜에 보답할 수 있을 것이다.

사랑하는 가족이나 친지의 죽음을 경험하더라도, 혹은 자기 스스로 늙고 병들어 신음하게 된 뒤에도 생사윤회에서 해탈하는 것만이 태어나고 죽는 위급하고 중대한 일을 해결하게 된다는 것조차 의식하지 못하는, 탐욕貪慾과 진에瞋恚와 우치愚癡에 깊이 빠져서 헤어나지 못하는 사람이야말로 채찍과 송곳으로도 달리지 않는 말처럼 어리석고 우둔하다. 그렇기 때문에 가족과 친지의 죽음을 경험하고서 발심하게 되는 것과 자신이 스스로 병고에 시달리는 것을 기회로 삼아 수행하는 것 또한 지혜로운 사람의 처신이라 할 수 있다.

애초부터 채찍질이나 박차가 필요 없는 적토마처럼 수승殊勝한 근기를 갖춘 지혜로운 사람이 되어 생사를 두려워하고, 바른 생각과 신심을 일으켜 분연한 의지와 각오로 수행 정진하여 불퇴전의 자세로 생사대사를 해결하고 타파하자.

비기너와 마스터 beginner & master
## 초심으로 갈고 닦아
## 보살의 경지에 오르기까지

구체적인 불교 공부와 수행은 신해행증信解行證의 네 가지 단계를 밟아서 거치고 올라가게 된다.

　　최초의 단계는 부처님을 믿고 의지하는 마음 신심信心을 일으키는 것으로 신信에 해당하고, 신심을 확립한 다음에는 부처님의 가르침으로 배우고 공부해서 알고 이해하는 과정으로 해解를 말한다.

　　확고한 신심과 확실한 이해를 다진 다음에는 그것을 구체적으로 실천하고 실행하는 행行의 단계에 들어가게 되고, 이런 과정을 거쳐서 신과 해와 행의 결과로 깨달음을 증득하는 증證, 구경究竟의 경지境地에 올라서 완성하게 되는 것이다.

그러므로 신심을 일으킨 초발심불자初發心佛子는 부처님을 향해서, 부처님을 따르고 의지하며 공부와 수행을 시작하는 beginner 라고 할 수 있다. 부처님을 Role Model로, 부처님과 같은 행동과 생활을 실천하여 궁극에는 부처님이 되겠노라는 의지와 각오를 확고하게 다지는 것으로 신심을 발하고 수행을 시작하는 것이다.

초발심불자, beginner는 마음의 단계로 신념信念에 해당한다. 무슨 일을 하던 마음을 갖고 다지는 것에 시작되는 것이다. 그래서 신심이고 발심發心이고 초발심이다. 기독교에서도 회심回心, 마음을 돌리는 것에서 믿음이 시작된다고 하는 것도 역시 같은 맥락으로, 모두 마음에서 비롯된다는 것을 의미한다.

이처럼 신심을 기본으로 부처님의 말씀과 가르침을 공부하고 배워서 익히는 단계를 거쳐서, 장차 부처가 될 수 있는, 부처가 되기 위한 실질적인 방편과 행동을 스스로 실천하는 단계가 바로 보살이고 master가 된다.

beginner는 믿는 마음, 신심을 다지고 발하는 것으로 충분하지만 master는 마음의 단계가 아니라 실지로 행동하고 실천해야 한다. 그래서 보살행, 보살을 상징하는 행으로 완전체가 이루어진다. 보살심菩薩心, 자비심慈悲心이란 보살행菩薩行, 자비행慈悲行과 일치하는 동일한 단어이며 뜻이다.

beginner의 단계에서는 결과와 목표를 지향하고 추구하지만, master에게는 결과나 목표를 더 이상 중요하지 않게 되는 것이 특색이다. master에게 가장 중요한 것은 중생, 고통에 힘들어하고 아파하는 중생들을 구제하는 것이다. master의 시각과 관점이 이렇게 변하고 바뀐 것은 부처님의 가르침과 말씀을 제대로 이해하고 알았기 때문이다.

부처님을 따르고 믿고 수행하여 부처가 되기 위해서 신심을 발하고 불교에 입문하고 불자가 되었지만, 정작 부처님의 가르침을 배우고 이해하면서 부처라는 지위와 경지에 오르기보다는 중생을 위하고 중생을 배려하고 중생을 구제하는 보살행에 집중하고 몰두하게 되는 것이다. 부처님께서 일깨워주려는 것은 나 혼자만의 성불이 아니라 중생을 구제하여 중생들과 함께 성불하는 개공성불도의 구현이라는 것을 정확하게 인지하는 것이 바로 해가 추구하는 본연의 목적이다.

학자의 관점에서 불교를 이해하고 연구한다면 보살행과 자비행은 영원히 구현될 수 없다. 학문으로 불교를 다루고 이해하는 측면에서는 신심도, 실천수행도 관심의 영역이 전혀 아니기 때문이다. 신해행증의 단계도 필요로 하지 않는다. 오직 해만 필요하고, 해만 추구할 뿐이다. 그러나 신을 기본으로 갖추지도 않고, 행으로 나아가지도 않는다면 불교적인, 부처님의 가르침에 합당한 해가 분명히 아니다.

행으로 실천해야 보살이다.

부처님을 만나 beginner, 초발심불자가 되고 부처님의 가르침과 말씀을 공부하고 이해하여 체득해가면서 부처가 되기보다는 고해(苦海)에 허덕이고 아파하는 중생들에게 관심을 기울이고 중생을 위하고, 그들이 당면한 문제를 해결해주고 구제하려는 실질적인 행동과 노력을 기울이는 master, 보살로 자리매김하여 간다. 그리하여 이상향으로 불교를 믿고 공부를 시작하지만, 불교를 공부하고 알아가면서는 주변의 상황과 처지에 관심을 넓히면서 노력을 기울이게 된다.

초심의 단계에서는 이상적인 정점(頂點)만을 올려보고 추구하지만, 이해의 폭이 넓어지고 깊어질수록 궁극의 경지보다는 주변과 주위로 시선의 방향과 폭이 돌려지고 확대되는 것이다.

해가 깊어질수록, 해를 넓혀갈수록, 삶의 의미와 보람을 깨달음을 증득하는 완성이 아니라, 생명과 존재의 아픔과 고통을 해결해주고 중생을 구제해 주려는 노력과 실천이라는 것을 인식하게 되고 그것을 실행하는 것을 낙(樂), 보람으로 삼고 여기게 된다. 그것이 바로 불교의 master, 보살이다. 삶의 의미와 이상적인 가치가 부처님에서 중생과 타인으로 바뀌고 변하는 것이다. 더 이상 보살에게는 부처와 깨달음이 중요하지 않다. 보살에게 가장 중대한 것은 바로 중생이고, 중생을 안락하게 해주는 일이다. 그것이 가능하게 되는 것은 바로 부처님의 가르침을 확실하게 인식하고 이해하여 알고 느끼는 것에서 비롯된다.

이처럼 성과와 결과를 지향하는 단순한 불자에서, 과정을 즐기고 과정 자체에 보람을 느끼고 의미를 두면서 보살로 성숙해진다.

부처님의 가르침으로 얼마나 성숙해졌는지 가늠할 수 있는 기준이 여기에 있다. 불교의 진정한 master는 자신의 깨달음을 유보하고 미루면서 보살행과 자비행으로 중생을 돌보고 돕는 것에 모든 정성과 노력을 기울인다.

이제 초발심한 우리들, beginner가 모두 보살, master가 되는 보살불교菩薩佛敎가 시대적인 대안對案이며 최상의 방책方策이다.

## 가르치는 일이 배움과 다르지 않기에
## 나는 배우고 또 배운다

 

이 한 권의 책을 엮기 위해 해묵은 원고를 정리하는 동안 지난 시절을 돌아볼 수 있었다. 출가한 지 30년을 훌쩍 웃도는 지금, 돌이켜보면 그때의 선택이 오늘의 나를 잉태하였기에 '출가'라는 귀한 결심을 해 준 '그날의 나'에게 감사한다.

   사춘기에 접어들 무렵 갑작스런 병고(病苦)로 아버지가 돌아가셨다. 나의 10대는 부친의 부재(不在)에서 비롯된 혼돈과 우려의 연속이었다. 그 와중에 고등학교 시절까지 유도를 했다. 결핍으로 인한 근심과 분노를 토해내려는 나름의 치기어린 수단이었을 테지만, 무엇이든 시작하면 최선을 다하자는 소신(所信)을 다져가는 기회로 삼기도 하였다. 이런 근성이 바탕이 되어서 남보다 늦게 들어선 학문의 길에서 포기하지 않고 끝까지 경주해갈 수 있었다고 여겨진다.

경계없이 방황하던 내가 선뜻 출가를 결심하게 된 데는 우연이라기 보다 나의 강력한 의지가 작용했다.

'모든 존재는 소멸消滅해 버린다'는 생각이 밀물처럼 밀려왔고, 마음속에서 떠나지 않는 어두운 그림자를 걷어내고야 말겠다는 의지를 다지면서 1979년 해인사에 입산했다. 이어 사미계와 구족계를 수지하며 출가수행자의 길을 걷고 있다. 돌이켜보면 시절 인연인 듯싶다. 존재가 소멸하리라던 '미완未完'의 근심은 미욱했던 나를 출가로 이끌던 화두話頭의 단면이었을 것이다.

선지식과의 과분한 인연과 경책이 고비의 순간과 시간마다 든든한 버팀목이 되었다.

강원과 율원, 선방에서 배우고 익히며 수행하는 동안 자운 노스님의 모습은 내게 큰 귀감이 되었다. 자운 노스님께서 계율을 통해 후학들을 지도하시는 모습은 내게 율사律師로서의 길을 걷는데 지표가 되었다.

은사이신 혜충 큰스님으로부터 대중 포교에 대한 원력과 의지를 다졌으며, 보광 큰스님을 모시면서 수행과 학문의 지남指南을 세워 공부를 이어갈 수 있었다.

내게 가르침을 주셨던 큰스님들과 내가 이끌고 있는 학인들을 돌아보면 가르치는 일이 곧 배우는 것과 다르지 않다는 것을 절감한다. 단언하자면 가르치기 위해서는 끝없이 배우고 또 배워야 한다. 아무리 배우고 공부해도 충분치 않다. 수없는 강의와 법문의 자리에서 스스로 얼마나 부족하고 모자라다는 것을 확인하기 때문이다. 그래서 항상 언제든 배운다는 자세와 각오를 다져가면서, 공부하며 자료를 정리하는 시간에서 최상의 기쁨을 맛보고, 최우선의 일상적인 일이라고 순위를 매기고 있지만, 이런저런 절집의 행사行事와 처리해야 할 사안事案들과 잡무雜務로 해서 잠자는 시간을 쪼개며 책상에 앉을 수밖에 도리가 없다.

늦은 밤, 적막寂寞의 산사山寺에 홀로 일어나 앉아서 책을 보며 공부하는 청복淸福을 누리는 것이 이즈음의 활력活力이며 자미滋味이고 존재감이다.

가야산 희랑대에서<br>경성

## 버리고 덜어내고
## 닦고 나누기

덜어낸 욕심만큼
채워지는 행복

**초판 1쇄** 2016년 2월 19일
**초판 4쇄** 2021년 7월 30일

**지은이** 경성스님
**펴낸이** 오종욱
**펴낸곳** 올리브그린
경기도 파주시 회동길 145 아시아출판문화정보센터 연구동 2층 201호
olivegreen_p@naver.com
전화 070-6238-8991 / 팩스 0505-116-8991

**일러스트** 노혜정
ISBN 978-89-98938-15-4 03190
값 15,000원

- 잘못된 책은 바꿔드립니다.
- 이 책은 올리브그린이 저작권자와의 계약에 따라 발행한 것이므로, 이 책 내용의 일부 또는 전부를 사용하려면 반드시 올리브그린의 동의를 받아야합니다.

이 도서의 국립중앙도서관 출판시도서목록(CIP)은 서지정보유통지원시스템 홈페이지(http://seoji.nl.go.kr)와 국가자료공동목록시스템(http://www.nl.go.kr/kolisnet)에서 이용하실 수 있습니다.(CIP제어번호: CIP2016004813).